广西民族特色饮食与旅游文化研究

李河山 著

广东旅游出版社
GUANGDONG TRAVEL & TOURISM PRESS
悦读书·悦旅行·悦享人生

中国·广州

图书在版编目（CIP）数据

广西民族特色饮食与旅游文化研究/李河山著．--广州：广东旅游出版社，2018.8
ISBN 978-7-5570-1437-7

Ⅰ.①广… Ⅱ.①李… Ⅲ.①饮食—文化—研究—广西②旅游文化—研究—广西 Ⅳ.①F592.767

中国版本图书馆CIP数据核字(2018)第162584号

广西民族特色饮食与旅游文化研究
GUANGXI MINZU TESE YINSHI YU LÜYOU WENHUA YANJIU

广东旅游出版社出版发行
（广州市越秀区环市东路338号银政大厦西座12层 邮编：510180）
廊坊市国彩印刷有限公司印刷
（廊坊市广阳区曙光道12号）
广东旅游出版社图书网
www.tourpress.cn
联系电话：020-87347732
710毫米×1000毫米 16开 8印张 110千字
2019年1月第1版 第1次印刷
定价：32.00元

［版权所有 侵权必究］

本书如有错页倒装等质量问题，请直接与印刷厂联系换书。

前言 FORWARD

饮食文化是中华文化的重要组成部分，弘扬中华饮食文化，不仅能发扬光大中华传统饮食，而且对于满足旅游者日益提高的旅游需求品位，促进我国旅游业的发展，将发挥重要作用。所谓广西饮食文化旅游，就是指将广西特色饮食文化与旅游活动相结合，以品尝美食、了解广西特色饮食文化为主要内容，以游览广西的自然景观与人文景观为辅助内容的特色旅游。它不只是简单的饮食特色旅游，更是一种高层次的饮食文化旅游。饮食文化与旅游活动相结合，对于提升广西各民族文化经济价值，促进旅游业和餐饮业的发展，无疑有着积极的意义，定会形成旅游业的又一个开发热潮。

本书由桂林理工大学旅游与风景园林学院讲师李河山著，其属于广西桂林541004※基金项目——广西人文社会科学重点研究基地·广西旅游产业研究院开放基金青年项目课题"广西三江侗族'腌酸鱼'特色美食旅游资源开发研究"，项目编号为GXTA201705Q。本书主要对广西特色文化以及其中的饮食文化与旅游文化展开研究，并对广西民族特色饮食文化与旅游文化的联系展开论述。书中对广西民族特色文化的资源、建设、产业、艺术特色、发展与传承等方面进行研究后，又分别对广西民族的特色饮食和旅游文化两个方面进行探究，主要包括：广西民族特色饮食的文化、分类、发展、膳食结构、烹饪特色和风味形成；广西民族旅游文化的资源、开发、发展、经济等方面。书中分别对广西民族特色饮食和旅游的现状进行研究，并给出了问题对策。在书的结尾处，还从旅游发展状况、资源开发、有机结合这三个方面统一分析了广西民族特色饮食与旅游文化的关系。

在著作过程中，作者查阅了大量国内外的最新研究成果、文献资料，参考了部分专家学者和前辈们的经验及著作，在此特向相关单位和作者表示由衷的感谢！由于时间仓促，书中难免出现不足之处，请谅解，并期待广大读者的意见建议。

目录 CONTENTS

第一章 广西民族特色文化概述 ··· 1
第一节 广西民族特色文化资源 ··· 1
第二节 广西民族特色文化建设 ··· 8
第三节 广西民族特色文化产业 ··· 14
第四节 广西民族特色文化艺术 ··· 20
第五节 广西民族特色文化发展与传承 ··· 26

第二章 广西民族特色饮食 ··· 33
第一节 广西民族特色饮食文化 ··· 33
第二节 广西民族特色饮食分类 ··· 37
第三节 广西民族特色饮食发展 ··· 40
第四节 广西民族特色饮食膳食结构 ··· 44

第三章 广西民族特色旅游 ··· 49
第一节 广西民族特色旅游资源 ··· 49
第二节 广西民族特色旅游开发 ··· 54
第三节 广西民族特色旅游发展 ··· 59
第四节 广西民族特色旅游经济 ··· 64
第五节 广西民族特色旅游工艺品 ··· 70

第四章　广西民族特色饮食与旅游现状……………………… 79
　第一节　广西民族特色饮食的现状……………………………… 79
　第二节　广西民族特色旅游的现状……………………………… 83
　第三节　广西民族特色饮食与旅游的问题对策………………… 92

第五章　广西民族特色饮食与旅游……………………………… 101
　第一节　广西民族特色饮食与旅游发展状况…………………… 101
　第二节　广西民族特色饮食与旅游资源开发…………………… 105
　第三节　广西民族特色饮食与旅游有机结合…………………… 110

参考文献……………………………………………………………… 115

第一章　广西民族特色文化概述

第一节　广西民族特色文化资源

一、广西地域文化的概况和内涵

（一）广西地域文化概况

广西地处中国南疆，其地域文化概况可以大体概括为以下五个方面。

1. 独具特色的民族

作为少数民族聚居地，广西首先就打上了深深的民族烙印。这里居住着中国人数最多的少数民族——壮族，除此之外，还有侗族、苗族、瑶族、京族等各具特色的少数民族，他们有自己的方言，甚至保留着自己的文字，还有山歌、鼓、吊脚楼等，这些民族瑰宝无不折射着浓浓的民族风情。

2. 秀甲天下的山水

除了独特的民族以外，广西的地域文化还孕育了锦绣的山河。奇特的喀斯特地貌，秀丽的桂林山水，洁白的沙滩和碧波的大海，还有壮美的石林山峰，广西的山水就如同当地的少数民族，各具特色，美不胜收。

3. 多种多样的风俗

丰富多样的风俗习惯是反映少数民族文化的一面镜子。以壮族为例，抛绣球是壮族民间一项传统的文娱活动，也是青年男女定情的重要途径，距今已经有上千年的历史。而对于苗族来说，"走寨"则是苗寨青年男女进行社交活动的重要方式。这些具有民族风情的风俗文化，是广西地域文化重要的组成部分。

4. 民族风情的节庆

节庆活动也是反映文化不可或缺的一部分。广西具有民族风情的节庆活动是当地的一大特色。壮族的三月三歌节，京族的哈节，瑶族的盘王节以及苗族的芦笙节都是非常盛大的节日。能歌善舞的少数民族用自己独特的方式庆祝丰收，祭祀先祖，表达对生活和劳动的热爱。

5. 得天独厚的位置

广西沿海、沿边，是我国唯一与东盟国家海陆相连的省份，具有得天独厚的地理优势。据历史考证，广西的壮族与泰国的泰族，越南的岱、侬族等，都属于同一民族的分支，关系紧密。所以广西不仅在地理上紧靠东南亚各国，在文化上更是与东南亚密不可分。

（二）广西地域文化内涵

广西作为中国五大少数民族自治区之一，其地域文化的内涵可归纳为鲜明的少数民族文化特色。广西拥有中国最大的少数民族——壮族，在这片神奇的土地上，同时还生活着苗族、侗族、瑶族等各具民族特色的其他少数民族。虽然汉族和壮族的人口占据了区内人口的大多数，但是其他少数民族也有着自己突出的民族文化特色。据目前的历史和考古记录可知，广西虽然地处中国偏远的南疆，但是从远古时期开始就有人类活动的遗迹，他们在这里生活，并与自然融合，从而诞生了灿烂的民族文化。据现有资料统计，广西的少数民族都拥有自己独特的语言文化和风俗节庆，比如，三江侗族大歌，刘三姐的山歌等。他们还在自己的民族聚居地形成了有别于其他民族的服饰文化、饮食文化和建筑文化。

同时，广西的壮族与东南亚的泰族在风俗习惯、语言文化、体质特征等很多方面都有共同之处，这也是源于这两个民族在民族发展的过程中的紧密联系。所以，广西地域文化也是东南亚文化圈不可分割的一部分。

（三）对外汉语与地域文化的关系

语言与文化是不可分割的一个整体。刘珣指出："要真正理解或研究一种文化，必须掌握作为该文化符号的语言；而要习得和运用一种目的语，必须同时学习该语言所负载的文化。"因此，我们在教授对外汉语的过程中，不仅要关注汉语本身的学习，也要重视汉语背后的文化内涵。留学生来到广西进行汉语学习，周围的地域文化对他们来说，既是学习的机遇，又是挑战。

他们需要学习相关的文化来适应当地的生活，而对文化的合理利用，又可以激发留学生汉语的兴趣，推动他们的汉语学习。所以，对外汉语教学与地域文化是一个相辅相成、相互促进的关系。广西地域文化有着自身的特色和优势，广西各大高校要发展国际性的对外汉语教学，不能仅仅关注汉语教学本身，合理运用本地的优质地域文化有助于传承和发展中国文化，实现语言和文化的有效结合。

二、广西民族特色文化资源的分类

（一）民族服饰

广西各少数民族在社会历史发展进程中，创造了丰富多彩的服饰文化。各民族的服饰文化从不同的角度和侧面，反映民族的社会、历史、政治、经济、文化和风俗习惯，是各民族民俗文化的重要组成部分，体现了鲜明的民族表征，具有丰富而深刻的民俗文化内涵。

1. 民族服饰记载着民族故事传说

民族服饰上的饰纹、图案和颜色，都有深远的寓意，记载着民族的神话、始祖的传说或民族信仰崇拜。如白裤瑶妇女衣背上所绣的方形大印图案，就是传说中当年被土司抢走的盘王印，绣在衣背上是寓意要世代铭记；男子白裤上绣制的是五条鲜红垂直线，则是寓意祖先与土司奋战时的手指血痕，也是对祖先的永世缅怀。又如融水苗族的服饰上有蝴蝶吉祥物，妇女胸前缀饰的银蝴蝶，表现了她们对女性祖先的崇拜。侗族服饰图案中的混沌花，传说是侗族创世女神在地上化身金斑大蜘蛛的花形变异，她创造了天地日月、动植物和人类，是创世主神。所以，服饰上的混沌花表示了侗族对母祖的崇拜。

2. 民族服饰体现着民族风俗习惯

广西少数民族长期生活在独特的自然环境中，具有不同的生产方式、生活方式和风俗习惯。这在民族服饰上也有所反映，如瑶族头饰是缠头和缠头演变的三角形帽、尖塔帽等，足饰是打绑腿，这是因应环境而形成的。瑶族长年生活在大山深岭，山高林密，野兽多，戴三角尖帽可防兽害。另外，山中荆棘丛生，上山劳动或打猎，以布裹头，可保护头部不被树桠或荆棘勾伤，打绑腿则是防毒虫、毒蛇咬伤，还可清除腿部的疲劳。壮族男装一般为短上衣、对襟衫；裤子的裤腰头宽大裆宽，裤筒也很大，腰扎布带，头缠黑头巾，以赤脚为主，这也是方便劳动。毛南族男装为右开襟衣，下穿宽筒长裤，劳动时扎三角形绑腿，裹头巾，束腰带；女装是镶三道黑花边的右开襟上衣，下着绲边长裤。侗族女性的服饰多为短衣长裙，衣服的边角都配有花边和飘带，百褶裙层层叠叠，穿戴起来，特别绮丽多姿。

3. 民族服饰蕴含着民族审美情趣

广西少数民族服饰多为单色布料，色彩也是一种民族文化，它积淀着特定的文化内容，不同的民族有不同的色彩喜好。壮、瑶等民族喜用红、黄、橙等明快的暖色调，具有温暖、幸福吉祥的寓意。苗、侗、水等民族爱用黑、兰、白等淡雅的冷色调，则有庄重、力量和神秘的寓意。各少数民族服饰的图形纹样很丰富，主要有名花佳木、益鸟灵兽和祥云流水等。这些图纹精心绣镶在不同的部位，表现了不同的民族风格。如壮族多用几何图纹和动、植物纹样构图，造型生动形象，写实性强。瑶族则以草、花、树、山等自然物为纹样，再饰以动物纹样构图，造型富于变化。侗族女性普遍爱好佩带银首饰，头挽偏髻，插银梳和银簪，两耳戴银环、胫着银圈、手戴银镯，胸前佩银链，背有S形银垂和六面银陀等，体现了独特的审美情趣。

（二）民族饮食风俗

民族饮食习俗是民族文化的重要构成部分，广西少数民族散居于八桂大地，因自然地理环境、生产生活方式、历史发展、信仰习俗、食物品种和思想观念的不同，而形成了各具特色的饮食习俗，创造了丰富的民族饮食文化。

1. 民族饮食习俗独特而丰富

广西少数民族的主食大致相同，一般以大米为主，山区民族多食玉米，辅以薯豆。副食则丰富多彩，有鲜明的民族风味。如壮族在清明节或三月三，家家吃五色糯米饭。五色是红、黄、黑、白、紫，除白色外都是用相关植物汁浸染，蒸熟后就成了五色饭。壮族人把五色饭看作是吉祥安康、五谷丰登的象征。又如瑶、苗、侗、毛南、仫佬等族都有腌制酸食的习俗，几乎家家有酸坛制酸品，日常饮食是无食不酸。瑶、苗、侗族有"打油茶"的习俗，油茶既香甜可口，又消食健胃，驱湿避瘴，深受各族民众喜爱。

2. 民族饮食规矩和禁忌习俗

各民族在饮食方面都有自己的规矩和禁忌，形成了独特的习俗。如壮族人进餐时，父母坐正座，两侧是儿女，媳妇坐在公婆对面。瑶族人在饭桌靠神龛一侧上位设虚座，不坐人，以示对祖先的崇敬。瑶族人忌讳吃狗肉，传说犬是瑶族的图腾，奉为神灵，因而世代忌食狗肉。毛南族吃饭时，不能用筷子敲打饭碗，不能谈丧事和不幸的事，在饭桌边打烂碗、杯被认为是一种不好的预兆。苗族有"分鸡心"的习俗，餐桌上主家会把鸡心或鸭心夹给客人吃，意在交心，但客人不能独吃，要与主家分享。如若客人独吃，则被主人认为难以交心。

（三）民族活动

1. 抛绣球

绣球起源于宋代，是壮族民间一项传统的文化体育活动，同时也是青年男女定情的一个特殊方式。发展到如今，在壮族的春节或歌圩活动中，还保留了有趣的抛绣球游戏。姑娘们通过在歌圩期间的种种活动和了解，将自己的信物系在绣球上，抛向自己的意中人，以表达爱慕之情。

2. 跳花灯

跳花灯是一项晚上进行的活动，在旧社会主要是为了迎神赛会、祛除瘟疫。而壮族的跳花灯据说起源于古老的师公戏，是壮族一种原始的巫教舞蹈，发展到现在壮族人们把它当成了一个庆祝节日的欢乐活动，是一种欢乐的民间体育活动。

3. 壮族会鼓

壮族会鼓作为广西马山县一项独具特色的民间活动，已经有上千年的历史。这项活动最初是为了驱鬼镇妖，祈求平安，如今已经发展成为一个具有极大观赏性和表演性的民俗活动。每逢重大的节日庆典或喜事，马山都会举行盛大的会鼓表演。会鼓表演鼓声洪亮清脆，在其他打击乐器的配合下更加声势浩大，激情飞扬，极富震撼力。

4. 抢花炮

抢花炮这项活动起源于清朝，主要举行于"妈祖"的生日农历"三月廿三"，历史长达200多年。抢花炮时，由主持人宣布比赛开始并点燃花炮，花炮散落各处，选手们个个奔向四处，并抢夺花炮，一般是抢完三炮就宣布比赛结束。目前，抢花炮活动已经成为一项国家认可的少数民族传统体育活动，有着"东方橄榄球"的美誉。

三、广西本土的旅游文化资源

（一）广西本土旅游文化资源及特征

广西是一个融合12个民族的区域，其民族文化视点因此得到了丰富。除了海陆空港自然风光条件好，还有数不清的精神文明文化，包括古老的铜鼓艺术、花山壁画、风雨桥以及鼓楼，这些都是广西能够吸引广大游客前往的有利条件。

广西是一个包含众多民族的区域，正因如此，其具有广纳的包容性，并具备以下四点旅游文化特征：第一，在这里大土大洋，传统与现代、嬉皮与雅皮都能够找到自己所在的位置，并不排斥外来文化；第二，在这里来自传统源头的活水与来自五湖四海的水流汇成一体，使得广西的文化多姿多彩；第三，这里融合了时代豪情、南国的柔情与粗犷的豪迈文化为一体，使得这里的人们热情好客且具有生活的好奇心；第四，广西民族文化与旅游文化是结合时代气息的，具有一定的实效性的文化，能够从中得到最真实的当地人民的生活风貌。

（二）广西本土民族旅游文化资源开发策略

1. 突出本土文化特色

旅游地区的特色一定是独一无二的，即使是出现了相同的旅游特色卖点，也要做到与他不同，并且能够突出该区的特点。广西地区的旅游文化资源主

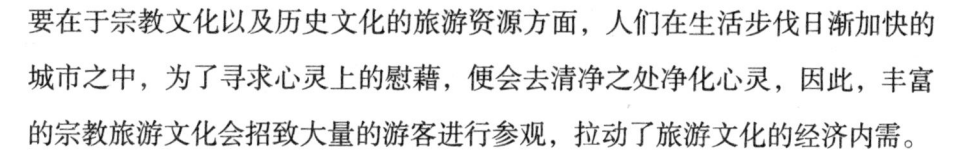

要在于宗教文化以及历史文化的旅游资源方面，人们在生活步伐日渐加快的城市之中，为了寻求心灵上的慰藉，便会去清净之处净化心灵，因此，丰富的宗教旅游文化会招致大量的游客进行参观，拉动了旅游文化的经济内需。

2. 引进人才，综合开发

在看到广西本土企业独特优势的同时，我们也要清醒认识到广西发展文化旅游产业的不足之处。一是广西本土企业进入文化旅游地产领域较晚，尚无大型文化旅游综合项目的成功开发案例；二是本土专业人才储备不足。因此，发展文化旅游产业要融各方之智，集各方之力，大力发展混合所有制经济，引进人才、科学规划、审慎决策、防范风险。

3. 着力于对地方特色文化的开发

开发地方特色文化，营造一定的文化氛围，这是为了提高旅游文化特质品位的主要手段之一。在开发地方特色文化之前，需要对当地的文化特质进行考证，只有充分地解了当地的旅游文化，才能够对其进行充分的利用，如一些民间传说、历史故事都是很好的卖点。

4. 加大景区宣传力度

广西地区景点众多，而人们往往对宣传力度大的景点有一定的印象，对未经宣传的景点却一无所知，因此，景区人员应对景点进行大力宣传，通过召开旅游招商会或者旅游信息交易会，吸引旅行社人员的注意力，致使旅游经销单位的人员能够到此进行实地考察，这样便能够起到宣传的作用，加大地区的知名度。

5. 对自然景色进行科学利用，合理保护

自然旅游景观是自然资源，不能够进行再生，是自然形成的，因此不能进行过度的开发，会造成资源的枯竭甚至是彻底消失。只有进行科学的合理利用，在一定程度之内进行资源的开发，才能够实现可持续发展。相应的开发人员应对此进行高度重视，在科学规划、合理布局的原则之内进行开发利用，这样才能够保证自然资源呈现其最真实的面貌与状态。

第二节　广西民族特色文化建设

一、广西民族特色文化建设面临的问题

（一）公共文化事业方面

1. 新闻出版业与市场经济发展的要求仍存在差距

随着图书市场竞争日益激烈，全国民族类出版社先天的造血功能缺失和市场竞争乏力等因素，将使负债度日的局面难以维持，民族文字、民族文化出版工作者的基本工资、工作经费、社会保险经费等长期没有保障的局面仍将难以扭转。承担民族文字、民族文化出版任务的民族出版工作没有享受到相应的财政扶持，同时广西区一直没有制定相关的政策来规定减征或免征民族文字、民族文化出版物的企业所得税等，并将之用于民族文字、民族文化图书的后续出版工作。

广西区的音像电子出版单位以及民族类音像电子出版单位和全国各音像电子出版单位情况大致相同，属自收自支事业单位，无财政补贴，存在基础薄弱、规模小、资金缺、市场环境差等问题，因此和图书、报刊等出版物相比经济效益较差。

2. 广播影视业的总体水平有待提高

目前地方转中央台广播节目普遍存在发射设备不足、发射功率小、开机时间不足等现象，农村群众不能完整地收听中央台的广播节目；在很多县中央台广播节目覆盖率只有20%左右，中央广播在农村地区的覆盖十分薄弱。广西区承担广播实验任务的转播台，一是发射功率小，二是广播频率有限，三是网点少，难以有效抵御境外反动有害声音的入侵。

由于受历史、经济、地理等多种因素的影响，广西农村地区广播电视发展很不平衡，还存在一些比较突出的问题。全区还有63 508个20户以上已通电的自然村未通广播电视；由于地形、交通因素的限制，村村通广播电视

工程建设的难度越来越大;广西的地形地貌对无线扭盖带来很大的影响;原有行政村,村村通广播电视的水平有待提高;与东部、中部地区广播电视相比较还存在较大的差距。目前广西区内没有少数民族语广播电视节目专用频道和频率,在自治区电台和电视台只有少数民族语栏目,如壮语新闻等。少数民族语节目播出时间少,如广西人民广播电台5个频率每天播近90个小时,而壮语节目播出只有1小时;广西电视台6个频道每周播出748个小时,而壮语节目播出只有50分钟。

缺少少数民族语言广播电视节目译制经费的投入。壮族是全国人口最多的少数民族,全区少数民族人口达1854万人,占广西总人口的38.38%。目前还有壮、瑶、苗、京等一些少数民族听不懂普通话,省级台及一些市、县广播电视台都保留有民族语言广播电视节目,但由于地方财力有限,对少数民族语言节目译制经费投入严重不足,制约了当地少数民族语言广播电视节目的发展。

(二)民族古籍保护方面

负责广西区民族古籍整理、出版及规划工作的广西民族古籍整理、出版、规划办公室存在工作机构和职能归属问题、经费困难,目前估计分散保存在民间的民族古籍仍有两万多种(册)。近年来,广西各地民族古籍流失十分严重,主要原因:一是各地进行城镇化建设步伐加快,许多文化遗址未及保护,修路建城、移民搬迁,原存于民间的古籍经典未能得到妥善收集保存,大量流失散佚,造成民族文化的极大损失;二是近年来国外和港台多所学术机构重视研究广西民族文化,他们利用先进的仪器设备收集、重金收购广西少数民族古籍。

民族古籍工作专业人才奇缺,根据国家民委关于少数民族古籍整理研究工作的规划,用10年至20年时间,基本将全国55个少数民族古籍中有重要价值和代表性的作品整理出版的要求,广西民族古籍整理人才缺口很大,人才结构也不能满足事业发展的需要。

(三)文艺事业方面

缺少新鲜血液的输入,也造成创作单位在艺术创作中受到制约,更严重的是，艺术人才储备的不足必将威胁到艺术表演团体的未来发展。艺术院团迫切需要挖掘、选拔新人，但是，在人才引进机制上，长期受计划体制束缚，社会人才进入艺术院团缺少畅通的渠道；在每年院团招收新人的过程中，还容易出现意想不到的问题。

二、建设广西民族特色文化的策略分析

（一）建设广西民族特色文化的策略

1. 加强党对建设广西民族文化强区工作的领导

加强党对建设广西民族文化强区的领导是实现这一战略目标的保证。历史证明，凡是重大战略任务，有了党的坚强领导就能够实现既定的战略目标。建设广西民族文化强区是一个系统工程，没有党的统一领导是不可想象的。广西各级党组织必须把建设民族文化强区摆在与经济工作同等重要的位置，把文化建设纳入当地经济社会发展规划之中，与经济工作一同检查，一起列入干部业绩考核。在各级党委统一领导下，政府各部门和各民主党派一起抓文化管文化，形成齐抓共管的强有力的领导机制。

2. 把广西精神纳入民族文化建设中，使之成为广西经济社会发展的动力

建设社会主义核心价值观是建设中国特色社会主义的重要内容，也是建设广西民族文化强区的内容之一。广西精神是社会主义核心价值观与广西各民族精神的有机结合，体现广西各民族价值观的优秀特质，是贯穿和引领民族文化建设的主线和灵魂。广西精神包含"团结和谐、爱国奉献、开放包容和创先争优"内容，是我们广西经济和文化建设的精神支柱。把广西精神纳入民族文化建设不是简单地在媒体、板报和标语宣传了事，而是把广西精神植入民族文化建设的活动中，不留痕迹地融入民族艺术作品之中，以广西人们喜闻乐见的民族艺术形式，自然而然地体现广西精神，融化于民族文化活动之中。

3. 开展广西民族文化资源大普查，挖掘广西优秀民族文化并加以利用

以往广西文化部门曾对一些民族文化资源在技术层面上进行过考察和整

理。建设广西民族文化强区，必须在原有民族文化资源的基础上进行挖掘，要把以前没有考察过的或考察不全面的，进行一次民族文化资源大普查。包括：民族文化与自然景观资源、民族民俗文化资源和民族艺术文化资源。把它们分门别类地收集整理成文字和音像资料，由政府有关部门组织一些高校和研究机构专业人员，从资源的内容到形式作评估。发现新的有价值的民族文化资源，要采取相应的措施保护好。在保护和传承民族文化的过程中注入新的合乎时代潮流的内容，这项工作本身就是发展民族文化。民族文化资源只有保护好才能生存下来，只有经过传承下来的文化才会有生命力。可以通过师承班、传习馆、家族传习等形式开展民族文化传习活动，使广西民族文化在保护和传承中世代地发展下去。通过修改补充使之适合于日常民族文化活动，并作为现行民族文化活动的节目，经常性地演出而保留下来。

4. 把适宜转型的民族文化资源开发为民族文化文化产业

伴随着经济全球化的到来，民族文化面临着机遇和挑战。它给地方民族文化发展带来的机遇，主要表现在它能够使用新理念和技术承载民族文化，使民族文化特性得以张扬。这样的例子并不鲜见，如《印象·刘三姐》实景民族歌舞表演即是闻名世界的成功典型。把那些在普查中发现的优秀民族文化资源加以利用，适合民族文化产业开发的，要反复论证其市场前景，由专业人员加工提炼，创作出民族文化产业品牌，加快民族文化产业发展，培育出千亿元产业，逐步把民族文化产业变为国民经济支柱产业。

5. 大力扶持文化创新，推出一批高质量的品牌力作

党的十七届六中全会《决定》指出，创作生产更多无愧于历史、时代和人民的优秀作品，是文化繁荣的重要标志。发展广西民族文化不仅要在全区境内遍地开花，还要结出民族文化品牌的硕果。十年来，广西文化创作在文学、音乐和舞蹈方面出了不少精品，获得"五个一"工程奖的也不少，如《印象·刘三姐》、漓江画派系列国画等影响全国和世界的优秀品牌作品。但是，从整体看，广西文艺创作存在着数量偏少和质量偏低的问题，与广西人民群众文化生活的需求还有很大差距。生产高质量的文艺作品不像生产工业产品，

有了好的技术和材料就可以做到。它不仅要求文艺创作者有高水平的创作技巧，更重要的是要求作家具有高的思想境界和社会生活体验。

因此，要求创作队伍要树立社会主义核心价值观和正确的真、善、美价值观，深入生活体验生活。坚持"二为"方向和"双百"方针，牢记为人民服务，为社会主义服务的崇高职责，把社会效益放在首位。各级政府相关部门，要在经济上给予支持，划出专款投入精品创作项目。开展经常性的作品评奖活动，奖励优秀作品，争创文艺品牌，形成文艺创作活动讲质量拼品牌讲贡献的良好氛围和环境，创作出不愧于时代和人民的优秀作品。

（二）策略分析

1. 加快民族文化产业发展是广西建设民族文化强区的客观需要

近年来，广西的文化产业呈现出蓬勃发展的良好态势，正在成为推动广西社会主义文化大发展、大繁荣的新引擎和经济发展新的增长点，成为提升广西形象的重要力量。但是，广西的文化产业仍然是一块短板，与建设民族文化强区的新需要还不相适应。2010年，广西文化产业实现增加值180.2亿元，占全区GDP的比重仅为1.88%，低于全国平均水平，而文化产业成为广西国民经济支柱性产业是广西建设民族文化强区的重要标志之一。

目前，广西文化产业面临着重要的历史发展机遇。一是市场需求旺盛。随着人民群众生活水平由总体小康社会向全面小康社会逐步迈进，文化消费需求在广西城乡居民消费需求中的比重将进一步扩大。二是发展动力强劲。随着广西工业化和城镇化进程的加快，第三产业进一步发展，产业结构进入优化升级阶段，有利于社会资源和资本加快流向低能耗、高技术、高附加值的文化产业。三是拓展空间广阔。现代信息技术对传统文化产业的渗透力逐步增强，信息技术的推广应用为文化新兴产业群的生长提供了新的技术基础。四是资源条件优越。广西的民族文化丰富多彩，魅力独特，有利于加快发展民族文化产业。五是区位优势突出。广西沿海、沿江、沿边，地处华南经济圈、西南经济圈和东盟经济圈的结合部，既是广西（桂林）—云南—海南，这一中国旅游"金三角"的重要核心，更是中国联结东盟的桥头堡。2010年，广西共计接待国内外游客1.4亿人次，相当于当年广西总人口的2.78倍。广西作为中国与东盟合作交流的平台和桥头堡的作用愈益突显。持续成功举办的中国—东盟博览会、南宁国际民歌艺术节等活动提升了广西在区域经济文化合作中的地位，一批推动文化产品和服务走向全国乃至国际市场的平台已初步形成。因此，进一步增强紧迫感，不失时机地推动广西民族文化产业发展迈上新台阶，不仅是满足人民群众多样化、多层次、多方面精神文化需求的重要途径，也是广西加快建设民族文化强区的客观需要。

2. 加快民族文化产业发展是解放广西文化生产力的重要载体

建设广西民族文化强区必须深化文化体制改革，解放和发展广西文化生产力。文化生产力是文化软实力和核心竞争力的重要体现，而文化产业则是解放文化生产力的重要载体。现代市场经济条件下，文化产业的这种载体作用主要体现在三个方面：一是实现经济与文化的良性互动，提升文化的生命力与创造力。文化产业的一个重要作用，就是运用文化要素来聚集资金、发展经济，再用聚集来的资金通过产业化的形式来发展文化，从而实现文化与经济的良性互动。而文化产业的跨越式发展，不但可以促进广西经济整体水平的提高，还可为广西文化的传承和创新提供雄厚的资金基础和有效的运作方式，从而提升广西民族文化的生命力与创造力。二是传播文化理念，提升文化的传播力与影响力。文化传播能力与广西文化的影响力直接相关，是文化生产力和文化软实力的重要构成元素。当今时代，谁的传播手段先进、传播能力强大，谁的文化理念和价值观念就能更广泛地流传，谁就能更有力地影响世界。而作为文化产业重要组成部分的传媒产业的发展水平，在很大程度上决定了广西民族文化的影响力。三是宣传社会主流意识形态和核心价值观念，提升文化的凝聚力与感召力。文化产业提供满足人们精神文化需求的文化产品，而大多数的文化产品又承载着社会主流意识形态和核心价值观念，并对人们的思想观念和行为起到凝聚和感召作用。

因此，快速发展的文化产业，也就成为广西宣传社会主流意识形态、提升公民思想文化素质、增强社会核心价值观念凝聚力和感召力的重要载体。

因此，加快发展民族文化产业，既是解放广西文化生产力的重要载体，也是建设广西民族文化强区的内在要求。

第三节　广西民族特色文化产业

一、发展民族特色文化产业的必要性

（一）从生产要素的标准看，民族文化是广西真正的优势资源

广西虽然是有色金属等自然资源矿藏富集地区，但这些资源多是不可再生的，随着西部大开发战略的实施以及我国整体发展水平的提高，资源的供求矛盾会日益突出，自然资源开发应本着适度的原则，做好战略储备；同时，扩大开放后，自然资源优势又面临着国际市场的冲击，而广西的自然资源在国际市场上并不具备明显的竞争优势。随着科学技术的发展和产业结构的优化升级，自然资源在经济发展中的决定性作用也将越来越小。

当今世界，文化产业的迅猛发展使得文化资源的重要性日益突出。同时，文化资源具有极强的可持续性，只要规划合理，开发得当，基本不存在环境污染和资源枯竭的问题，能真正实现"满足当代人的需求，又不损害后代人满足其需求能力的发展"这一可持续发展的目标。

广西地处华南、西南与东盟交汇处，是中华文化圈和东南亚文化圈的交汇点，文化的主要特点是多样性的民族文化。各个民族、各种文化在这里长期共存，构成了一个世界少有的多民族群体、多文化形态共生带，形成了"十里不同俗，百里不同音"的文化特色和多种类型的经济形态。广西民族传统文化资源丰富多样、多姿多彩、特色鲜明，蕴含着巨大的开发潜能和优势，有壮、瑶、苗、侗、仫佬、毛南、回、彝、京、水和仡佬等少数民族，少数民族人口占40%，各民族在长期的历史进程中，创造并传承着各具特色的传统文化，有着众多光辉灿烂的民族文化遗产。这些多民族、多形态的文化和经济状况使广西必须将民族文化作为其文化产业发展的重点。

第一章 广西民族特色文化概述

（二）发展民族文化产业可以培育广西新的经济增长点

文化产业是当今世界最具竞争力和发展前景的朝阳产业，而民族文化又是广西最具优势的资源。因此，大力发展文化产业这一高附加值的新兴产业可以为广西经济与世界接轨奠定良好的基础。事实上，包括文化产业在内的第三产业已经成为我国国民经济增长的主要动力，如2000年，中国第三产业对GDP增长的贡献率为28%，而同期第一产业和第二产业对GDP增长的贡献率分别下降了4个和1个百分点，我国第一次出现了第三产业与第二产业共同带动国民经济增长的局面。到2006年广西第三产业对GDP增长的贡献率为36.5%。广西在这方面大有可为。

（三）发展民族文化产业可以改善产业结构，促进广西经济、社会协调发展

从产业结构理论和世界各国的经济发展历程来看，随着经济技术的进步和经济全球化的发展，世界产业结构的升级日益加快，第一产业在产业结构中所占比例有不断减少的趋势。第二产业所占比例先增长，后停滞；而第三产业所占比例则一直在增长，且不断攀升。与其他产业相比，文化产业拥有资源开发方式的优势，这一优势使文化产业可以成为广西产业结构调整的首选产业。目前，广西的产业结构还是以传统的第一、第二产业为主导产业。第三产业除旅游业以外，发展还不很充分，有广阔的发展空间。

（四）发展民族文化产业可以提高广西的区域竞争力

文化和经济的协调发展是现代化进程中的必然要求，经济的文化和文化的经济化成为当前世界的两股不可阻挡的潮流。通过大力发展文化产业，提高本地区的文化吸引力成为提高区域竞争力的重要手段。在国际上，综合国力和竞争力的五大类评价指标中，涉及文化产业的就有人力资源开发、教育科技文化能力、社会发展程度三类指标。文化产业已成为综合国力和地区竞争力的重要组成部分，成为当前和未来提高国家和地区竞争力的重要途径。广西作为后发展的民族地区，要想提高其地区竞争力，发展民族文化产业是必然选择。

（五）发展民族文化产业可以保护地区生态环境

广西有世界典型的喀斯特地形，也是许多生物物种的原生地，对于我国的生态安全和生物多样性具有重要意义。随着经济的发展，广西的生态系统也面临着严峻的生态保护与恢复任务。

文化产业可以说是一项"无烟产业"，对自然资源的依赖度很低，不会对生态环境产生重大的不可预料和控制的影响。

（六）发展民族文化产业可以维护民族团结和社会稳定

文化产业化是民族文化得以存续、发展的有效和重要的途径。孙家正同志曾指出，加强西部地区的文化建设，对于增进民族团结，保持社会安定，具有特殊的重要作用。广西与东盟国家水陆相连，有多个少数民族相邻而居。若民族文化得不到很好的继承和发展，就会伤害少数民族的情感和利益，影响地区的稳定；反之，若大力发展民族文化产业，使民族文化得以发扬繁荣，则各族人民会产生强大的向心力，维护民族团结和社会稳定。

二、在广西特色文化资源产业化发展中发挥政府作用

（一）增强文化资源传承开发的思想意识，创新特色文化资源发展理念

1. 促进文化与科技融合，发展新型文化业态

特色文化资源的开发需要文化自身与现代科学技术的有机结合，通过先进科学技术来发展和实现新型文化业态，进而促进文化资源产业化发展。目前，我国文化资源的开发处于一个低水平的阶段，特别是科技与文化产业的对接还不顺畅。主要表现在：第一，现代科技尚未对文化产业化起到技术性的支撑和引导作用，其贡献率较低；第二，现代科技与文化产业之间的机制和体制尚未建立和完善，两者没有较好地相互融合相互支撑。而广西文化产业正处于起步阶段和发展阶段，现代科技对文化的促进程度还远远跟不上文化发展的速度，现行的广西现代科技对于文化产业化发展的贡献率较低。针对这一种情况，政府应通过促进文化与科技的融合，使先进科技更好地服务于文化资源产业化的发展。

2. 利用区域间的比较优势，实现地方文化产业差异化发展

区域之间的文化产业存在着一定的差异性，而这些差异性往往体现在文化产业发展的数量和质量上，究其原因往往是源于区域之间经济发展不平衡所造成的。广西境内拥有丰富的特色文化资源，并且各个地区文化产业发展的程度又存在着一定的差异性。所以，广西各个地区文化产业如何差异化发展，政府就需要正确地把握文化产业在区域经济发展过程中的地位和功能，客观地分析本地文化产业发展的特点和规律。根据本地区的特色文化资源的实际情况，并且结合当地影响文化产业发展的影响因素，积极引导、发展优势文化企业进行投资，并带动其他企业进行产业的集群建设，进而实现区域文化产业的差异性发展。

（二）深化文化体制改革，冲破文化资源发展的束缚

1. 加大文化体制改革的力度，制定合理性的规划

在特色文化资源开发过程中，由于广西壮族自治区内各个文化地区分属各个行政单位主管，虽然广西颁布了省一级文化发展规划，但是各个地区的文化开发又缺乏总体性的规划，各个文化资源开发地区各自为战，往往造成各个地区文化资源项目单一、千篇一律、重复雷同等现象比较严重，不利于广西文化产业的可持续发展。

因此，政府必须要加强文化体制改革的力度，制定合理性的规划，而这些并不是某一个政府可以办到，而是需要省一级的政府直接或间接进行改革和规划，以协调其中的利益关系。广西在"十二五"期间，政府将发挥政府的作用作为文化产业的重点工作，并主张政府对文化体制进行改革，文化资源进行整合，产业结构进行调整，产业基础进一步夯实。

广西壮族自治区政府应在国家开发文化资源总原则的指导下，通过对区内民族特色资源的调研，制定合理的广西文化产业规划，进而规划好省、市、县、乡各级文化资源开发规划。换句话说，就是政府进行文化资源产业化规划过程中，应该加强对文化产业开发的学习和调研，避免闭门造车，既要学习和借鉴国内外在文化资源开发中积累的宝贵经验，也要实事求是地根据广西文化产业发展的现状，特别是广西的自然、社会、历史、经济等发展实际，

以明确广西文化产业化的功能定位。总之，政府需要加强整合广西现有的各类特色文化资源，继续深化文化体制的改革，制定科学的文化产业发展规划，并使规划得到真正落实，为广西特色文化资源产业化发展提供指南。

2. 加强政策引导扶持，打造良好的政策环境

有关研究结果发现，政府的行为往往对文化产业的发展具有一定的正相关性，好的政策往往能促进文化产业的发展，反之则不利于文化产业的发展，甚至会阻碍文化产业的整体发展。因此，文化产业要发展离不开政府的扶持，广西壮族自治区已经对文化资源的产业化制定相关的扶持措施，以提升文化资源产业化的力度。例如，通过制定文化产业化发展的地方性法律法规、文化产业化发展的支持政策等，为文化资源的产业化发展创造一个良好的政策环境。

三、广西民族文化产业发展的优势及影响

（一）广西发展民族产业的优势

广西是一个多民族居住的地区，共有汉族、壮族、瑶族、苗族等12个世居民族。广西少数民族人口占总人口数的38.4%，是我国少数民族人口最多的省级行政单位，也是我国人口最多的少数民族自治区。八桂大地资源丰富，区域性、民族性、多元性特征突出。广西民族文化的特点主要表现在以下几个方面。

第一，文化景观资源。广西属云贵高原向东南沿海的过渡地带，境内山、河流、洞穴众多，有34处国家和自治区级风景名胜区。广西历史悠久，古人类、古建筑、古文化遗址等文物古迹及革命斗争纪念遗址众多。

第二，人文风情资源。广西各民族各自的语言、服饰、建筑物、生活习惯、风土人情、喜庆节日、烹调技术等，构成了多姿多彩的民族风情。民族传统文化节日活动繁多，例如，南宁国际民歌节、壮族三月三歌节、瑶族盘王节、苗族芦笙节、侗族花炮节、彝族跳弓节、京族唱哈节等。

第三，文化艺术资源。广西民族文化艺术资源主要包括戏剧、歌曲、舞蹈、民族音乐、书法、绘画、雕刻、文学等。民族民间音乐舞蹈丰富多彩，共有

如扁担舞、依饭舞、铜鼓舞、绣球舞、芦笙舞等民间舞蹈800多种；广西还有悠久独特的少数民族戏剧和地方戏种，如壮剧、桂剧、彩调剧、邕剧等。

第四，地域优势资源。广西是西部地区唯一既沿海又沿边的省区，连接西南经济圈、华南经济圈和东盟经济圈，广西的这种背靠大西南、辐射东南亚的区位优势日益凸显。

广西具有得天独厚的地域及民族文化的优势，为现代经济价值提供了巨大的开发潜力。通过市场运作机制的激活，巨大的资源优势将会转化为丰富的产业优势，这些多民族、多形态的文化和经济状况，使广西必须将民族文化作为其文化产业发展的重点。

（二）广西民族文化产业促进广西经济发展

1. 文化产业成为国民经济新的增长点和支柱产业

根据广西统计信息网数据显示，2007—2009年广西文化产业增加值分别为149.91亿元、178.61亿元、198.69亿元。2011年4月，广西发布《广西壮族自治区人民政府关于加快文化产业发展的实施意见》提出，到2015年，广西文化产业增加值达到1 000亿元，占广西壮族自治区GDP的比重达到5%，成为当地国民经济和现代服务业中新的支柱产业。事实证明，文化产业是潜力巨大、发展迅速的优质产业，广西地处西部经济欠发达地区，但其资源丰富，民族文化优势独具，民族特色文化是广西文化产业加快发展和赢得竞争的砝码，对加速提升GDP总量和经济发展速度，是十分必要和重要的。

2. 不断满足人民群众日益增长的文化消费需求

随着社会经济发展，人们收入水平不断提高，对文化产品的消费需求也不断扩大。根据广西统计局相关统计，2007年，广西人均GDP达到12 408元；2008年，人均GDP为14 966元；2009年，广西人均GDP达到15 923元。按照世界经济发展一般规律，人均GDP超过1000美元时，人们消费结构开始发生转变，消费会转向发展型、享受型，物质消费的比重会逐渐减少，精神文化消费的比重会不断增加。目前，广西文化市场的培育力度还较弱，多元文化的文化消费需求没有得到充分满足。发展民族文化产业可以提供丰富多彩的文化产品，其在消费市场上具有极大的增长空间，只有大力发展民族文化产业，才能满足广西人民日益增长的文化消费需求。

3. 发展民族文化产业改善广西产业结构，促进产业优化升级

在西方许多国家，以文化产业为核心（或主体）的第三产业产值比重已超过第一、第二产业而位居首位。特别强调要"加快转变经济发展方式，推动产业结构优化升级"，并作为关系国民经济全局紧迫而重大的战略任务。民族文化产业包含民族文化产品生产、传播、流通及提供各种民族文化服务，涉及服务业等第三产业的方方面面。广西第三产业虽然有了很大发展，但仍处于次要地位，目前广西的产业结构仍不尽合理，大力发展民族文化产业，能推动广西产业结构调整和优化，促进第一、第二、第三产业的健康、协调发展，提高广西人民的收入。

4. 民族文化产业带动其他产业的蓬勃发展，并提供大量的就业机会

文化产业具有关联带动效应，广西民族文化产业以少数民族地区的特有优势，带动了相关产业的发展，并与其他产业的互相关联影响和促进广西经济的发展，例如，民族旅游文化产业能带动商品加工、宾馆、餐饮、交通、演艺市场等众多行业领域的发展。随着当前我国经济转型加快，制造业、建筑业、农业等产业的发展越来越需要注入高科技产业和文化产业的内涵，广西民族文化产业不仅提升了传统产业的附加值，使其重新焕发经济活力，还促进新的文化生产、文化传播和文化服务等相关企业不断出现，为社会提供了大量的就业机会和工作岗位。提高就业率对于广西的经济发展、社会稳定和促进各个民族的和谐团结，有着重要的社会现实意义。

第四节 广西民族特色文化艺术

一、广西民族特色服饰的艺术构造

（一）广西少数民族服饰在艺术上的意象获取和形式表现

1. 表现秩序感

将错乱繁杂的事物整理成有序的整体，这种建立秩序的能力是人类独有

的成就。秩序的确立反映了人类对自然世界的逻辑有着深刻的认识，也体现了文化心理和感性思维在造型塑造上的重要意义。人类的早期宗教信仰首先都是源于大自然神性的秩序。在对大自然的不断用心观察中，人类终于感悟到大自然造物的大小比例，掌握了自然界色彩、线条等感性材料，还理解到了大自然的形态规律，比如平衡、韵律和节奏等。在这样的不断心理体验和感官感受过程中，终于把自然的物象和观念契合在一起，把大自然的秩序感转变为在思想观念上接受的，摆脱自然形态的审美形态。

壮族壮锦上的菱形图纹就是成功实现这种观念变化的最好证据。壮族少女达尼妹在织布时突然发现，树上的蜘蛛网上闪烁着晶莹剔透的露珠，而露珠上的太阳七色光芒折射到了银丝上，形成了一片有规律、有秩序感的图形。于是达尼妹领悟到了什么，她便将自己的视觉体验在织布过程中，进行观念上的转化，她用细纱作为经，用七色的丝线作为纬，又用棱形作为基础框架，这样通过精心编织，美丽的壮锦就诞生了。壮锦层次分明、严谨有序的秩序感象征着人类对自然界秩序的敬畏，也正是这种发自内心的敬畏让人类将感性的审美变为造型艺术。

人类在对大自然事物进行感知的时候，掌握了从混沌中获取秩序感的方法，用无与伦比的创造力将复杂、无序多变的感性世界规范到理性认识范畴中，创造了对称、和谐的形态结构，从而让自然界被秩序化的事物，经过理性加工变成了成熟、充满智性的审美形态。

2. 表现抽象变形感

艺术形态是对客观自然界规律的归纳总结和深度的抽象，是以实践的历史经验为基点，由心理积淀形成的。长期的审美实践和不断地对审美经验经行归纳、加工，每个民族从对自然界的"取象"，逐步发展为"立象"以表达本民族的各种意识形态内容，并创造了将种群性格、观念外化的物体形态，通过反复抽象、变形，让超现实的艺术特征被强化和整合，形成了民族性极强的、纯粹的装饰艺术形态体系，这象征着少数民族在艺术理念表达上具备了一种超越化的建构模式。

譬如，抽象变形在广西少数民族服饰上的运用。抽象和变形意味着从大自然以及感觉经验中收获的优秀质料，经过分析、筛选、归纳，依据自己的审美价值取向，将自然原型中不需要的部分切除，选取和夸大自己接受的，并符合功利需求的内容，最终变形成为基于原型形态而具有超现实审美特征的造型艺术。壮族的丹凤朝阳、毛南族的走兽、彝族的老虎以及苗族的太阳纹和水纹就是这样的艺术作品。它们完全去除自然原型的特征，纯粹地用几何图形作为形态结构。其中苗族的城界花便是用长方形为框架，让反复呈现的十字折线与四棱形整合，从而表现出了城池防守中的城墙、房屋、街巷和守城士兵等意象。它们在几何图案线条的律动中，彼此相连，彻底地融合在了一起，展现出了一幅和谐的图景，尽管看不到城墙和士兵等原型。

广西少数民族服饰上的诸多造型完全偏离甚至丢弃了自然原型，它们用写意的艺术手法，展现了对自然物象的拟形，突破了感官体验，打破了客观世界的时空束缚，从而表达了心与自然物象的契合、意识与感官体验的整合，让大自然的韵律与服饰纹案的手工韵律相互吻合，造就独特的民族审美内容。

（二）广西少数民族服饰刺绣艺术中的美学思想

广西是多民族聚居的自治区，其中有壮、苗、瑶、侗、仫佬、毛南等十二个世居民族，他们均属于古西欧、骆越民族的后裔。虽然在1954年政府进行了民族识别工作，把这些民族划分为不同的民族成分，并冠以不同的族称，但由于他们祖祖辈辈共同生活在这同一片土地上，有着相同服饰刺绣技艺的历史传承，也有着共同或近似的刺绣图案纹样。因此说，广西服饰刺绣艺术代表着广西各民族的历史与文化，被称为民族记忆的"活化石"。

刺绣作为妇女的针绣，俗称"绣花"，是广西各民族妇女每天从事的民间传统手工艺，它已深深融入了各民族生活的每一个角落，通过"手手相传"的方式从古至今传承下来，已有千余年历史。经过演变、发展，如今形成有平绣、剪纸绣、马尾绣三种制作形式。无论是衣服袖口裤脚、腰带围裙、手帕背带、头巾鞋面，还是荷包、定亲包、接亲包、背篓、大小布包等，均有手工刺绣图案，形成了无处不可绣的特点，图案题材有太阳、月亮、龙凤、花鸟、鱼虫等，五彩斑斓、寓意深远。这些刺绣图案构图饱满匀称，色彩富丽斑斓，极富装饰性。

近年来，随着社会的发展、时代的变迁，几千年传统民族服饰逐渐被现代服饰所取代，制作烦琐的刺绣手工艺逐渐在消失。原来具有实用性的服饰刺绣工艺，现在更多地成了有观赏价值的艺术品，具有了工艺和艺术双重属性和价值。刺绣图案作为装饰纹样，集中体现了广西各少数民族传统的民间信仰和审美观念，也蕴含和承传有中华民族传统的美学思想，具有鲜明的民族特色。

1. 刺绣图案中观物取象的意象观

在刺绣图案的色彩方面，同样是意与象的结合，即意象色彩。刺绣是以各种花色的线为依托，俗话说"绣花容易配花难"，这里所说的"花"，是花色之意。刺绣图案中的配色尤为重要，也极为考究。配色讲究鲜艳、丰富，而在鲜艳与丰富之中又不可烦琐重复，如花草树木的叶子是青绿色，花则一定是红色，叶子与花之间、绿色与红色之间又必须相隔开来，从绿色到红色再到白色、粉色或是其他颜色，中间颜色不能重复，不能红色旁边依旧是红色，颜色之间必须要隔开，较浓的颜色则必须配以较淡的颜色，如此才错落有致，有空间与层次上的美感。这样，一幅刺绣手工艺品，在大自然的色彩基础上，经过刺绣者的主观选取，在服饰上成了意象色彩。通过绣针用线、经营位置、传移摹写、应物象形、随类赋彩制作工序，一幅气韵生动的刺绣手工艺跃然自纺、自织、自染的土布之上。

2. 刺绣图案中善美统一的伦理观

广西各少数民族刺绣艺术中蕴含着浓厚的伦理之美，刺绣图案的构成、造型、色彩等都有着形式美感，在表现内容中也有着善的内质。如各民族妇女刺绣最多的就是幼儿背带。背带即为褪袱，是广西少数民族服饰中的重要部分，是妇女外出或者劳作之时用以背负婴儿的背篓。背带一般由外婆赠予，它由背带手、背带帽、背带臀与背带芯四部分组成，背带芯的绣片为正方形，绣好后再缝制到背带上。

二、广西各族民居文化艺术的相互吸收与交融

全木结构干栏式建筑是广西地区出现最早、流行最广的一种传统建筑形式，是壮族及其先民为适应当地炎热、多雨、潮湿和猛兽横行的自然环境而发明建造的一种住宅建筑。在其建筑之初，由于生产力水平低下，其房屋多较简陋，建造工艺也较原始粗糙，虽也能遮阳避雨防猛兽，但其建筑结构既简单又不稳固，居住空间也较窄小，防雨防风性能较差。中原汉族的南迁及其文化的传入，尤其是汉式传统建筑及其技术在广西地区的传播，对壮族传统的干栏式建筑的改进和发展产生很大的影响。壮族及其先民为了改进和完善其传统的干栏式住宅建筑，不断学习和吸收汉族的建筑技术及其工艺。在建筑材料的使用、建筑工具、建筑布局、建筑结构、建筑装饰以及与居住建筑有关的思想观念、风水观念和神灵观念等方面，都不同程度地受汉式建筑及其文化的影响，吸收其合理的成分，并将之融入本民族的建筑文化之中。具体表现在以下方面：

（一）建筑工具

壮族早期的木结构建造工具的种类及其形制，因年代荒远，缺乏文献记载和实物材料，目前已难考证。战国秦汉时期，随着中原青铜器和铁器及其冶铸技术传入广西地区，壮族先民骆越西欧人开始冶铸和使用青铜器和铁器，其器形主要有斧、插、锌、凿类。特别是铁器的使用，为木料的砍伐、加工和建筑工艺的改进、建筑技术的提高创造了条件。后来，木作工具中又增加了锯、刨、锤、墨斗线、曲尺、角尺、水平仪、槽刨等新器具，形成了一套完整的木工必备的工具，而且其种类与功用也日愈细致和专门化。而这套木工工具的种类和形制，基本都是仿制汉式器形而成的，使得木料的加工更为精细，其结构也更为牢固。

（二）建筑材料

壮族传统的干栏式房屋建筑系全木结构，顶上覆盖茅草、竹筒（将竹筒对剖后正反相扣）或杉木皮等，其墙体亦以木板拼成。汉式的硬山搁檩建筑技术传入并在壮族地区传播后，壮族工匠逐步认识到汉式建筑材料的优越性，

例如汉式建筑用烧制的小瓦盖顶，用遍地皆是的石块或烧制火砖、土制泥砖乃至用三合土夯实筑成墙体，使房屋既稳固耐久，又不易失火。于是，壮族工匠学习和吸收汉族的建筑方法，烧制砖瓦，用石块、泥砖或夯土筑墙，并逐步推而广之。因而，壮族及其他少数民族的房屋普遍用小青瓦盖顶，以石块、火砖、泥砖或夯土筑砌成墙体。许多地方还出现了硬山搁檩与干栏结构的巧妙结合，即山墙用石块、泥砖或夯土筑成，内部则保持木干栏结构，下层圈养家畜，木楼上为居住层，并沿木柱以木板分隔成小间。所有这些建筑方法，应是受汉式建筑影响的结果。

（三）建筑布局

在广西地区的壮族及其他少数民族中，无论是单座式（或称独居型）还是院落式（或称扩充型）的住宅建筑，其主房流行三开间（边远山区的木结构干栏式建筑除外），堂屋居中，是一座（组）建筑的核心，厅堂正中壁上设立供奉祖先神位，大门正对着神龛，并处于一座（组）建筑的中轴线上，左右厢房为卧室，男居左女居右。院落式的建筑纵剖面呈阶梯状，即前低后依次升高，主房最高。这样的布局同样是受汉式建筑布局及其中庸、祖先神灵至上、神灵核心、男尊女卑（左贵右贱）等观念影响的结果。

（四）建筑结构

壮族早期的木结构建筑，应是采用绑扎法或直接搭架法来构搭房屋木架，即用索或藤类将木头与立柱牢固地绑扎连接，或将木头直接架于立柱的枝杈上；梁架则用木料构成三角形。斧、凿、锯等铁器出现后，开始使用榫铆构造法。现在所见的壮族及其他少数民族的干栏式房屋结构（硬山搁檩式建筑结构与广西地区汉族的同类建筑基本相同），梁架部分多采用阶梯状的童柱承搁法，即在五根立柱间设以穿枋，木枋上依次承托一童柱（或称瓜柱、矮柱），童柱和大立柱顶端各承一搁檩木，使之具有合理的分力、拉力及合力的作用。另外，在前后循下，多设有一挑手，以承搁檐檩木，增加屋檐的前伸，既能保护墙体不受雨淋，又使格下形成一廊道。这种设阶梯状童柱和挑手的构造方法，应是壮族及其他少数民族工匠学习和吸收汉式建筑中常见的斗拱

25

构造法的原理，经过改造后运用于本民族的房屋建筑中的结果。

（五）建筑装饰

在房屋建筑的屋脊、檐口、檐墙、门楣、门槛、挑手、柱头等雕刻或绘画各种花纹图案，可以增加建筑的华丽与美感，同时能平添一种神圣与神秘的意义。壮族及其他少数民族的建筑装饰图案主要有金钱、葫芦、八卦、太极、祥禽瑞兽、莲花、水波枝叶和福寿字样等图形，所有这些花纹图案，无论是图形还是内涵，都与汉文化的影响有关，是壮族及其他少数民族在建筑装饰中吸收融汇汉文化的结果。

第五节　广西民族特色文化发展与传承

一、广西民族特色文化的传承与保护——以会鼓文化为例

（一）建立完善的政府主管工作机制，推动民族体育文化建设

政府确定了"立足特色、突出品牌"的文化建设指导方针，提出了以创建民间文化艺术之乡为契机，深入挖掘整合县域文化艺术资源，打造县域文化品牌，建设民族文化大县的总体思路。在资金投入、组织机构、活动开展、目标责任和奖惩制度等方面加大文化建设，把文化设施建设、重大文化活动、队伍辅导培训等项目列为惠民实事考评内容，为有效推进民间文化艺术之乡创建活动，提供了良好的管理机制和社会条件，使会鼓民族体育文化得到不断传承和发展。

（二）提高马山壮族会鼓创新水平

结合马山壮族会鼓体育文化的独特性，马山县在发展壮族三声部民歌之后，工作重点和首要的任务是打造壮族会鼓品牌，大力推进发展马山乡民间民族体育文化活动的发展。研究壮族会鼓体育文化的深层发掘、整理和提高工作，组织专家开展研讨活动，就提高壮族会鼓运动健身、表演形式、产业化等方面提出新的发展规划和工作方案。县文化部门应该把提升壮族会鼓列

为阶段性的重要工作目标，把展示壮族会鼓指定为群众性文化活动的保留演出节目，在会鼓的展演技艺和表演动作方面不断加以创新和提高。

（三）加强引导，壮大传承队伍力量

结合马山县创建民间文化艺术之乡的契机，为了更好地活跃壮族会鼓民族体育文化表演舞台，不断加强对民间会鼓民族体育文化团体的引导和扶持，进一步规范壮族会鼓民族体育文化团队的组织、管理和指导，不断增强会鼓民族体育文化传承和发展的动力。一是扶持成立更多民间会鼓表演团队，二是开展传承队伍培训，三是走校园传承保护道路。

（四）加大资金投入，改善生态保护环境

为优化壮族会鼓生存和发展环境，自2012年以来，采取政府扶持引导、民间投资的方式，先后在白山镇的大同村、百龙滩的勉好村建成了壮族会鼓生态保护基地，受到了群众的热烈欢迎。当地群众积极支持，踊跃集资，制作了训练表演用的牛皮大鼓和服装，组建稳定的表演队伍，并制定了完善的管理制度，基地活动走上正常轨道。勉好村基地的会鼓队进行产业化尝试，启动市场经济运作的模式，经常被聘请到区内外进行商业性的表演，取得了一定的社会影响力和自身的经济效益，为保护传承基地的发展提供一定的经费保障，但是这远远满足不了会鼓发展的需要。

（五）积极宣传，树立文化品牌形象

近几年来，马山县紧紧抓住机遇，积极组织代表队参加区内外文化展演活动，并获得多项殊荣；2002年参加广西第十届民运会文艺表演比赛荣获二等奖；2003年参加南宁国际民歌艺术节"八桂狂欢游"活动；2010年参加世博会"欢腾广西"广场文艺及巡游活动；2011年参加广西"文化遗产日"展演活动和广西首府各届"庆祝中国共产党成立九十周年"文艺晚会演出活动等，同时充分利用中央、自治区、市级等媒体加大对会鼓活动及会鼓文化的宣传。广泛参与和积极推介壮族会鼓活动，才能使之在国内外得到广泛的认识，马山壮族会鼓要以独特的文化魅力牢固树立起文化品牌形象，成为马山县最具有代表性的优秀的少数民族传统体育文化。

（六）构筑文化发展产业，拓展旅游资源开发

组织举办地方特色文化活动，构筑马山县壮族会鼓广阔的演出平台，扩大马山县会鼓民族体育文化展示的领域。每年一届的"中国黑山羊之乡——马山文化旅游美食节"已成为马山县独特的节庆活动，给以马山县展示地方特色民族文化艺术的重要平台和窗口，壮族会鼓等特色文化通过这一平台不断提高自身的表演水平，艺术性和观赏性也得到增强；二是结合大型庆典和地方传统节目，定期举办特色比赛活动。开发与会鼓体育文化相关的产品，纪念品等。马山县壮族会鼓作为我国民间民俗体育文化史上的奇葩，在马山县各级党委和政府的关心支持下，不断地发展壮大丰富县里的文化艺术和体育项目，在广大人民群众和民间体育团体中不断发扬光大，不断加大会鼓传承保护力度搭建平台以演促传，打造文化的著名品牌，把会鼓体育文化产业推向一个新的高度。

二、民族文化传承人才培养的探索与实践

（一）构建民族文化传承人才培养的新模式

培养传承创新民族文化人才，核心是创新人才培养模式。要构建起"政府主导、行业指导、企业参与、学校主体、社会协同"多元参与的人才培养体制和运行机制。政府部门作为主导，强化顶层设计，加大政策引导，创新体制机制，以政策、资金等作为支撑，着力为民族文化传承人才培养提供保障。行业组织根据行业人才需求，指导制定民族文化传承人才的培养目标和专业设置，推动专业建设规范化。企业要指导和支持教学实践，共同培养适应民族文化产业需求的人才。社会要营造弘扬优秀传统文化、尊重传承人才的良好氛围，塑造民族文化传承人才的职业荣誉感，充分调动人才的积极性、自主性和创造性。职业学校必须承担起传承人才培养的使命，结合自身办学特色，在人才培养目标、专业与课程建设、评价系统等方面，建构起传承人才的培养方案，并付诸实践。

（二）推行现代学徒制，创新民族文化传承方式

职业教育培养民族文化人才，要注重当代传承的多形式，更要推行现代

学徒制改革。职业学校要主动走出去，聘请民间工艺大师和技艺高人、非物质文化传人走进校园担任专业顾问、专业带头人，并为民间艺术技艺课程授课；邀请民间技艺大师走进校园建立"大师工作室"，打破传统"师带徒"的局限性，实现"学生、徒弟角色复合"，创新性地进行新一代传承人的教育培养。探索与民族文化行业企业协同发展，建设集教学、培训、生产、研发"四位一体"的民族实训基地，在满足生产性实训教学需要的同时，承接民族文化项目制作，实现科研项目成果的快速转化。利用民族实训基地，面向社会开展民族文化培训，形成区域民族传统文化人才培养、职业培训中心。职业学校还要进行民族文化专业课程开发，建立起专兼结合的民族文化专业师资队伍，正确引导学生保护、传承、创新民族文化，实现人才培养的科学化、系统化、专业化。

（三）对接区域文化产业，打造民族特色专业

设立民族特色专业，系统化培养专业人才。专业设置要与区域民族特色产业发展需求接轨，为地方产业发展服务。职业学校要发挥自身资源优势，进行民间传统工艺的研究与创新，推动传统手工艺品生产的规模化和市场化。推动民族文化传承人才培养课程系统化建设，建立健全考核评价体系。民族职业学校要加强课程体系改革和教学内容改革，满足主流文化、民族地区特色文化均衡发展的需要。考核评价要更加注重民族学生的文化环境和学习风格，要有利于学生学习本土文化、有利于其多样化的发展需要，要建立检验学生职业成长的过程与结果，体现动态性考察的教学评价标准，充分发挥评价功能，有效引导文化传承人才和谐发展。

三、"一带一路"倡议下，广西民族文化新的发展机遇

"一带一路"是一个关系政治、经济、文化发展的伟大战略，有利于带动广西民族文化的发展，是广西民族文化产业积极走向世界的战略机遇。

（一）广西区位优势明显

广西位于中国华南地区西部，对内与广东、湖南、贵州、云南接壤，对

外与东南亚国家毗邻,辐射区位优势明显,南边面对着北部湾,是西南地区最便捷的出海通道,被定位为"一带一路"倡议有机衔接的重要门户。这沿海、沿江、沿边,在"一带一路"倡议带动下形成的"文化圈",又是多个区域合作的交汇点,将会促进广西民族文化进一步和邻省以及他国进行文化交流,带动广西民族文化的创新和发展。

（二）交往历史悠久，开创新时代友谊

广西与东盟国家山水相连、民族相近、语言相通、习俗相似,交往历史悠久。在汉武帝时期,广西合浦曾是古代海上丝绸之路的重要始发港,可以通往印度、斯里兰卡以及东南亚。自中国—东盟博览会在南宁举办以来,广西与东盟国家文化交流更加活跃,形式更加丰富。"中国—东盟文化产业论坛"不仅每年在南宁举办,中国—东盟文化交流培训中心也于2010年在南宁成立,东盟在华留学生1/5在广西就读。目前,广西缔结了42对友好城市,正向着新时代友谊的步伐迈进,与东盟国家的友谊逐渐加深,民族文化交流活动更加频繁。久远的交往历史和开创新时代的友谊,为广西参与"一带一路"建设奠定了坚实的人文基础,这将有利于进一步促进广西民族文化交流和发展。

（三）民族文化资源丰富

广西聚居着壮、汉、瑶、苗、侗、仫佬、毛南、回、京、彝、仡佬等12个世居民族,在长期的历史发展中,广西各民族共同创造了丰富多彩的民族特色文化。如闻名于国内外的《印象·刘三姐》《大地飞歌》《八桂大歌》《锦宴》等民族文化演绎作品,被称为广西民族医药瑰宝的壮瑶医药,被研究者、艺术家和游客广为喜爱的铜鼓、绣球、泥兴陶、壮锦等民族文化特殊商品,以及民族风情浓郁的融水贝江苗寨、三江程阳八寨、那坡黑衣壮村寨、桂林刘三姐风情园等,这些丰富的民族文化资源是广西参与"一带一路"建设的"灵魂",引领着广西不断地向前进。

（四）国家和政府重视文化建设

"一带一路"倡议提出后,从国家到地方政府一直都很重视。2014年5

月，文化部率先提出以文化先行方式建设"丝绸之路文化产业带"的构想。2015年3月28日，国家发展改革委、外交部、商务部又联合发布了《推动共建丝绸之路经济带和21世纪海上丝绸之路的愿景与行动》，其中广西被定位为"一带一路"建设有机衔接的重要门户，西南中南开放发展新的战略支点。为贯彻落实国家赋予广西的新定位和新使命，广西积极打造"一带一路"有机衔接的重要门户。2014年10月30日，自治区党委、政府召开全区实施"双核驱动"战略工作会议，会议做出了"双核驱动、三区统筹"的重要部署，为"一带一路"建设构建了新的蓝图。随后，广西逐步开展文化建设活动，2015年5月14日至18日，在深圳举办的第十一届中国（深圳）国际文化产业博览交易会上，广西参展团发挥文化先行的理念，以"打造'一带一路'有机衔接的重要门户"为主题，推出《中国梦》的角雕屏风。接着，2015年5月底，广西在南宁又举办了以"共建21世纪海上丝绸之路·促进中国—东盟文化合作"为主题的中国—东盟博览会文化展。

2015年12月自治区党委、政府又审定并印发实施了《广西参与建设丝绸之路经济带和21世纪海上丝绸之路实施方案》（以下简称《实施方案》），《实施方案》为广西今后参与"一带一路"建设、扩大对外开放指明了方向。国家和当地政府的重视为广西"一带一路"建设指明了方向，提供了平台，将有利于推动了广西与东盟和世界各国的文化交流和民心相通，推动广西民族文化产业合作与发展，为广西推动"一带一路"文化建设提供坚强的后盾。

第二章 广西民族特色饮食

第一节 广西民族特色饮食文化

一、地理环境对广西民族特色饮食文化的影响

（一）优越的自然环境造就了广西饮食食材的丰富多样

广西壮族自治区位于中国南疆，自然地理环境独特，地形地貌丰富，水系密集。地跨云贵高原东南一隅，地势西北高、东南低，地形以丘陵山地为主，四周山岭绵延，中部岩溶丘陵、平原广布，地势自西北向东南倾斜，四周被弧形山脉所环绕，形成了四周高、中间低、海拔从800米到2 000米不等的广西盆地。盆地内平原少、山地多，地貌以山地、丘陵、平原为主，据统计，山地、丘陵面积占广西总面积的75.6%，平原只占14.6%，土地垦殖率为10.7%，素有"八山一水一分田"之称。喀斯特地貌充分发育的桂西北大石山区和桂西南山区，石多土少，主要以种植高产旱地粮食作物如玉米、番薯为主。为此，桂西北山区百姓即以它们为主食。广西的河流冲积平原和溶蚀平原主要分布于各大、中河流沿岸，如柳州—来宾为中心的桂中盆地，分布在右江、郁江、得江、南流江、钦江等河流沿岸的右江盆地、南宁盆地、郁江平原、得江平原、南流江三角洲、钦江三角洲等冲积平原，地层深厚肥沃，是主要的耕作区，以水稻种植为主。

自然环境是塑造地方文化的重要因素。对于饮食文化而言，广西丰富的地形及其物产为广西饮食提供了多样的食材。粮食作物除了平原和丘陵地区常见的水稻外，还有玉米、番薯等，用米等做成的各类的食品，如五色糯米饭、糯米糕粑、粽子、年糕、粉利、米粉等，这些使得人们的主食品种丰富起来。山区里的飞禽走兽、山珍野味，自然成为山区百姓的日常食材，如壮族的竹鼠成了人们津津乐道的美食。而山鼠肉是瑶族特有的佳肴，将加工处理烘干

后的山鼠砍为小块，加酒、姜、白糖、蒜、盐等用油炒熟，香脆可口，很有嚼头，一般作招待贵客用。河边、海边的鱼虾之属即成为美味的河鲜、海鲜；平地上种植的各式果蔬品种繁多，芥菜、包菜、生菜、苦麻菜、空心菜、大白菜、小白菜、菠菜、黄花菜、茄子、萝卜、冬瓜、水瓜、南瓜、丝瓜、黄瓜、饭豆、四季豆、绿豆、显豆、辣椒等，一年四季瓜果飘香，园圃冬夏常青，人们终年都可以吃到鲜嫩的蔬菜。肉类有牛、羊、狗、蛇、鸡、鸭、鹅、鱼等。

（二）气候影响人们的饮食习惯和口味

广西地处低纬，北回归线横贯中部，南临海洋，北接大陆，属亚热带季风气候，主要特征是夏天时间长、气温高、降水多，冬天时间短、天气温暖。广西年平均气温高、年雨量大，全境年平均气温在16℃~23℃之间，日均温≥10℃，持续日数240~360天，是中国热量丰富、雨量充沛的省区之一。受高温多雨的影响，广西人们饮食习惯和口味主要表现为以下两个特点：好清淡、喜食酸，喝凉茶。

好清淡、喜食酸是广西饮食的一大特点，食酸的养成与广西的气候有关。广西属亚热带季风气候，湿润多雨的气候容易使人体湿气郁结，易流行腹泻、痢疾等疾病。为此，"去湿"成为广西人民传统的养生追求。广西少数民族居民发现食酸可以去湿排毒，同时天气炎热，吃酸可以开胃并刺激消化。酸味食品颇受广西壮、布依、侗、毛南等族人们的喜爱。

南宋周去非在其《岭外代答》卷六中生动地描述了"老鲊"的制作："南人以鱼为鲊，有十年不坏者。其法以及盐面杂渍，盛以之瓮，瓮口周为水池，覆之以碗，封之以水，水耗则续。如是，故不透风。鲊数年生白花，似损坏者。凡亲戚赠遗，悉用酒鲊，唯以老鲊为至爱。"侗族不仅食不离酸，人情世故也不离酸，办婚事不离酸，亲戚送礼，一般是一坛米、一坛酒，外加一尾酸草鱼或是一只酸鸭，这是最体面的礼品；丧事也不离酸，老人逝世后，必须备一尾大的酸草鱼祭在灵前，叫作"陪头酸祭"，以悼念逝者辛勤的一生。毛南族的三酸也是非常有名。酸味食品不仅在少数民族地区受欢迎，就是在广西首府南宁的大街上，酸摊也随处可见。南宁四季炎热，容易影响食欲，南宁人即用各种蔬菜及新鲜水果用白米醋加白糖或冰糖腌成酸品食用，俗称"酸嘢"，菠萝、木瓜、番石榴、山华李等，南宁人均把它制成"酸嘢"，极受市民欢迎。

喝凉茶也是广西饮食特点之一。广西地居亚热带地区，气候炎热潮湿，且多高山丘陵，树木茂密，瘴疟、瘟疹、疫病均多发生，加之地湿水温，水质偏燥热，身体易聚火，燥热风寒感冒成了常发病。壮民十分注重未病先防，并在长期的医疗实践及生活经验中，根据居住的自然地理环境、文化风俗习性等，总结出一些颇具特色且行之有效的预防疾病的方法，即以中草药为材料煎水服用，这即是人们俗称的凉茶。壮族的凉茶所使用的草药多就地取材，雷公根、车前草、金钱草、蒲公英、鱼腥草、白茅根，甚至甘蔗、马蹄均可入水煎煮，其汤即成为下火良方。饮用解暑去热的"凉茶"便成了广西人的一大嗜好。在大街上到处都可以看到卖凉茶的店铺，人们时不时地要喝上一杯凉茶，清热解毒、生津止渴。

二、广西民族特色饮食文化的传播——以米粉文化为例

（一）提高主体的传播意识

1. 广西政府层应提高对广西米粉文化的重视程度和传播力度

对广西米粉文化传播较有影响力的《中国一绝》和《舌尖上的中国Ⅰ》都是由中央电视台拍摄的，而且也是主要能看到广西米粉文化传播的影视作品，却很难看到广西壮族自治区拍摄米粉文化传播的影视作品。广西近年确实已经把一些米粉列入自治区非物质文化遗产名录之中，但是依当前的传播情况看，其传播力度依然是比较小的。因此，提高对广西米粉文化的重视程度和传播力度是很有必要的。广西米粉文化是广西人民智慧的结晶，政府领导层已经意识到其历史价值，但若不采取实际行动，流于形式的话语和政策是经受不起时间的考验的，也很难被人们所重视。

2. 提高米粉行业经营者的传播意识

文化传播是一种社会需要、社会过程和社会现象，它的社会功能主要表

现为政治功能、经济功能和教育功能。良好的文化传播可以带动经济的发展，因此，米粉经营者可以在米粉文化的传播上下功夫，可以在店铺里张贴一张制作精美的关于米粉文化的墙报，可以突出米粉的食用功效，把店铺装饰得更具文化韵味，给顾客打造一个良好的饮食环境，不仅能把自己的米粉的知名度打响，也能给顾客留下一个良好的印象，顾客喜欢才会产生更多的经济效益。

（二）大众传播媒介对广西米粉文化本体的传播

1. 积极利用影视作品的传播作用

从《中国一绝》到《舌尖上的中国 I》中对于广西米粉的拍摄情况看出，现在的影视传播更重视的是一种视觉上的享受，在《舌尖上的中国 I》中并没有详细地介绍广西米粉，不仅是做法还是其他方面，涉及的都很少。因此，广西政府可以自己拍摄关于广西米粉的宣传片，在迎合当下视觉盛宴的基础上，更要突出广西米粉历史的悠久性以及食用功能及其他方面的特色。

其次，在拍摄的过程中，要使拍摄主线集中，使观众能很容易看出其所要表达的主题。应当设置多一些的拍摄视点，采取多样的拍摄方式，避免单一，以此吸引观众的注意力，为良好的传播效果制造条件。

目标受众不仅是广西当地的人们，其他省的受众也要列入目标受众的范围，这是一个漫长的过程，但也是一个有意义有价值的过程，让更多的国人能够认识广西米粉及其文化蕴涵，也能让更多的国人认识广西，了解广西，如此亦能带动广西的旅游业发展，也能打造一个有文化蕴涵的广西，建立文化自信，从而成为一个良性循环。

2. 积极发挥报纸的传播功能

信息被重复的次数越多，就越有可能扩大受众范围，加强信息对受众的影响，加深受众对信息的理解。例如，《南国早报》是广西壮族自治区影响力和发行量较大的都市报之一，《南国早报》自2012年至2014年中，关于米粉的报道，报道篇数为80篇，平均每年27篇，平均每个月2篇。可见在报纸的信息中关于广西米粉的报道数量是很少的，因此也就难以让人们加深对广西米粉文化本体的理解和重视。

《南国早报》都市报中关于米粉的报道，大部分是从米粉的味道进行报道的，缺少从较深的角度进行报道。广西桂林自2007年起每年会举办桂林米粉节，但是在搜集到的报道中是看不到关于桂林米粉节的报道的。一般情况广西每年会举行东盟美食节，但是其中也没有发现关于米粉的相关报道。可见，广西对广西米粉文化的重视还是很不够的，在本省的传播亦不是很有效果。

报纸是最常见的大众传播媒体之一，虽然相对十几年前，人们对报纸的阅读量是下降了，但是其影响力还是存在的。从《南国早报》的例子中可以看出，今后对广西米粉文化本体的纸质报道还是很有必要的，而且要做好广西区域内信息流通的工作，例如，关于桂林一地的桂林米粉节就没有被引起足够的注意。东盟美食节是一个国际性的美食展，在这些节日期间利用报纸进行广西米粉的报道是一件很有利的事情，不可因为其普遍就忽视了其应有的地位。

3. 小众传播媒体促进广西米粉文化本体传播

相对于大众传播来说，小众传播一般指的是户外广告、空中广告和流动广告、店内媒体（POP广告）、交通广告、黄页广告、电影和电视中的产品陈列等。广西米粉文化的传播可以适当采用这些形式进行传播，例如，黄页广告就是一个很好的方式，能省下很大一笔传播费用；在制作广西米粉文化的宣传片或者是有关广西介绍的影视作品中，可以采取陈列的方式，让人们对广西米粉有更多的印象。

第二节 广西民族特色饮食分类

一、菜类

在自治区级饮食文化遗产名录的19个项目中，广西民族特色菜类项目只有横县鱼生制作技艺和全州醋血鸭制作技艺两项，市级名录中菜类文化项目也不足10项。事实上，具有典型非物质文化遗产特征和较高文化价值的广西饮食文化遗产项目较多，如菜类载体有用水产制作的北海鲜鱿、侗家酸鱼、百色通灵油鱼、阳朔田螺酿等；用家禽制作的有梧州纸包鸡、邕城醉子鸡、荔蓉锅烧鸭等；用畜肉制作的有毛南香猪饼、京族猪嘴舌、马山黑山羊等；以果蔬制作的有田林八渡笋、南宁柚皮卷等。这些项目主要分布在桂东南、桂中和桂北地区。仅就菜的风格来讲，广西菜主要分汉族风格与少数民族风格两类，其中前者按地域文化特点已形成鲜明的桂北、桂西、桂东南、海滨风格。

二、粉点类

在自治区级饮食类非物质文化遗产名录中，粉食与糕点类项目有梧州龟苓膏、南宁老友粉、柳州螺蛳粉手工制作技艺等8项，市级项目约有15项，县级项目尚未能够确切统计。在广西著名小吃中，影响较大的项目很多，如壮乡生榨粉、南宁粉饺、藤县同心米粉等。这些项目都具有世代传承、技艺精湛、民族风格或地域特色等典型特征。特别是"粉食"占据了突出地位，这类称作"粉"的非粒状传统之食，在广西有不下30个品种，形状有圆、扁粉、糕粉、粉丝、粉条、粉虫之别，并分干、湿、凉三态，烹法有蒸粉、煮粉、炒粉、砂锅焖粉等多类。

三、茶类

属于茶类的广西非物质文化遗产名录中，仅有苍梧六堡茶制作技艺一项。位居全国24种名茶之列的苍梧六堡茶，据记载有1 500多年历史。该茶因久藏的茶叶生成能分泌多种酶的冠突曲霉菌而形成特点风味，故其红、浓、醇、陈的品质区别于也优于云南普洱茶，越陈越好。调研发现具有典型地域文化特征的广西传统茶不少，如较有影响的有凌云白毫茶、横县茉莉花茶、桂平西山茶、贺州开山白毛茶等。

历史上广西也是发现茶、种植茶、饮用茶较早的地区。广西凌云、乐业等县均发现有大量野生大茶树群落，说明广西是茶树原产地之一。唐至五代时期，广西各地街巷村庄已盛行茶饮之风。韦丹任容州刺史时，"教种茶麦，仁化大行"。五代时，楚马殷"令民自造茶以通商旅"。刘恂《岭表录异》中描写广西挚摩笋为"桂广皆殖，大若茶碗"，以茶碗喻竹说明茶饮之普遍盛行。

四、酒类

广西酒类文化遗产中目前只有桂林三花酒和全州湘山酒的传统酿造工艺入选自治区级名录，大量影响深远的传统酒类项目未确认。广西酒（桂酒）大多带有浓重的地域特色，或以原料特异著名，或以酿造工艺见称，或以酒俗出彩。如以眼镜蛇、金环蛇、灰鼠蛇浸泡的三蛇酒，以黑蚂蚁酿的"神蚌酒"，用牛奶和野果酿的奶酒，以海宝酿的保健酒，用木薯酿的木薯酒等，酿造工艺都带有地方特点，加上各地多姿多彩的酒俗、酒礼等，传统酒文化的地域民族特色十分鲜明。

广西有悠久的酿酒历史。早在汉代，苍梧地区的酿酒业就很兴盛，当时的"苍梧清"（又名"苍梧缥清"）比湖北宜城出产的全国名酒"宜成醪"还要出类拔萃，甚至比为朝廷特酿的"玄酒"还要好。经过隋唐时期的发展，广西宋代及以后的酿酒进入一个名酒不断涌现的全新阶段。如"声震湖广"的桂林瑞露比当时的宫廷名酒"金澜"还要胜出。古辣泉酒以其独特的风味闻名。最富有传奇色彩的昭州曼阳罗酒被广传为"蒙汗酒"。还有在民间普遍酿制的"十数年不坏者"的老酒，直至今天仍然广泛用于治病的梧州蛇酒和寄生酒，曾一度与山西的襄陵酒齐名而位列华夏名酒之首的藤县酒，以及少数民族的"瑶酒""憧（壮）酒"等。

五、酱类

广西目前已经公布的三批非遗名录中，涉及酱类的食文化项目有黄姚豆豉加工技艺、桂林豆腐乳制作工艺、东兴京族鱼露、天等指天椒加工技艺、杨美豆豉制作技艺5项。

其中，黄姚豆豉产于千年古镇黄姚，制作工艺历经十几代人的经营实践和改进，清康熙前已颇有名气，至乾隆时闻名各地并一度成为朝廷贡品。桂林豆腐乳的发源地是在桂林市临桂区四塘乡，其复杂的制作工艺区别于"以豆腐腌过加酒糟或酱制者"，最关键的菌种制备和香料配比，据说远在数百年前的宋代就已形成，该食因桂林临桂人陈宏谋于乾隆年间任东阁大学士兼工部尚书时，进贡给皇室并作"土供"年年入朝而声名远播，近代以来更是因蜚声世界的桂林旅游而闻名中外。东兴京族鱼露又称"鳃汁"，是分布在防城万尾、山心、巫头三岛的京族人每餐不离的调味品，时间若从越南涂山后裔在15世纪时迁居于此计起，大约有400多年的历史了。

广西酱食制作的历史久远。唐代刘恂《岭表录异》提到一种"味酷似肉酱"的珍贵蚁酱，要解决的不仅仅是加工技术问题，还有防腐处理。另外，"酷似肉酱"也说明当时民间以肉做酱应很广泛，按此逻辑推理，广西人在唐代的肉加工技术已经很先进了。历史上广西出现过不少百年老酱园，目前已考察清楚的有始于清代1862—1890年间的南宁"大盛祥"酱园、"万利"酱园；建于1879年的梧州"酱油三安"；创建于1920年的钦州"福泰"酱园等。除上述项目外，广西具有丰厚历史文化内涵的酱食很多，种类包含黄皮酱、辣椒酱、腐乳、豆豉、豉油膏、面酱、海鲜酱等多种。

第三节　广西民族特色饮食发展

一、宋至清初广西民族饮食文化的发展

宋至清初是广西饮食文化发展的成熟期，其食源、食艺、食风、食俗、食政、食肆、食性等饮食文化的发展，与这一时期广西政治、经济、文化发展密切相关。宋、元、明至清初的700多年间，广西社会经济发展较为迅速，

农业、手工业、交通和商业及文化教育等都有较快的发展和进步，这主要是历朝对地广人稀的广西各地实行鼓励垦荒和轻赋税政策，中原大量汉人南移使广西人口成倍增加，先进生产技术和生产工具的利用以及教育与思想文化发展的结果。宋代是广西行政与经济发展的相对稳定时期，这也正是广西饮食文化茁壮成长的稳定期；元代广西经济较为萧条，饮食文化发展停滞不前；明末清初对土司的大规模改土归流解放了生产力，提高了壮汉杂居的各民族生产的积极性，广西经济又有新进展，尽管东西部有较大的发展差异，但各族人民的饮食生活进步较快，广西这一时期的饮食文化随着农业、手工业、商业和思想文化的发展而进入一个相对成熟的阶段。其文化特征大致可以归为如下几方面。

（一）粮食原料品种极大丰富

首先是稻、芋、薯、黍、菽、麦等粮食品种的极大丰富。主食稻已分粘、粳、糯三类，品种就更多了。明代方瑜《南宁府志》载的粘稻有白粘、红粘、早粘、鼠牙粘、长腰粘、六月粘等；粳有毛粳、六月粳、八月粳等；糯最丰富，有红糯、白糯、黄皮糯、黑皮糯、早糯、香糯、黄须红糯、黑须糯、六月糯、光糯、毛糯、狗眼糯、亦阳糯、黄腊糯、斑糯、鹌鸡糯、银丝糯、鲍糯、饭糯、香糯等。

其次是宋至清初的果蔬异常丰富。范成大在《桂海虞衡志》中记广西宋代水果"录其识可食者五十五种"。周去非《岭外代答》的"南方果实，以子名者百二十，或云百子，或云七十二子，半是山野间草木实"说明宋有许多野生水果已为人工训种。龙眼、荔枝、蕉、橄榄、柚、扁桃、五棱子、石榴、波罗蜜、金橘、柑、李、余甘子、椰子等以及大量野果随处可见。其中龙眼、荔枝"远胜闽中"，仍和唐代时一样享誉中国。宋代出的橄榄有乌榄和方榄之分，乌榄"肉烂而甘"，方榄分"三角或四角"，两者皆可作蔬茹，桂东南地区多以之作咸菜。

（二）肉食资源得到进一步拓展

宋至清初广西的肉食仍以畜、禽、水产为主，辅以鸟、兽、虫、蛇、贝、蚌之食，种量有了进一步拓展，除猪、狗、牛、鸡、鸭、鹅这些秦以来就普遍饲养的种类外，鱼类和羊在这一时期的养量大而广泛。广西淡水渔业自唐发展起，经宋、明至清初时已十分发达。

（三）瓷餐器与金属烹器发展迅速

宋至清初，广西手工纺织业、酿酒业、陶瓷业和采矿冶铸业呈现蓬勃发展景象。其中陶瓷餐器和铁烹器的制作技术进步，在农业、手工业和商业繁荣的大环境下促进了以烹饪技艺为核心内涵的广西饮食文化的发展。

金、银、铜、铁、锡、铝、丹砂为广西历代主要矿冶物料。宋至清初，金属烹器以铁烹器多见，另有不少铜烹器。这一时期的铁锅外形与今铁锅已无明显差异。梧州、滕州、郁林等地生产的铁器时在今中南五省一带很出名。周去非《岭外代答》云："梧州生铁，在镕则如流水。然以之铸器，则薄几类纸，无空破。凡器既轻，且耐久。"郁林州"州人于此间淘取青黄泥炼成铁，铸成锅"（《大明一统志》卷84）也小有名气。

（四）饮食内容与形式纷繁复杂

这一时期广西各地的主食大多以饭粥为主，辅以面食、杂粮与薯粮之食。由于广西稻食品种繁多，因此米食形式是多样的，饭、粥、糕、粉、饼、点心、粽、髓、糍、粑等应有尽有。如光是饭的品种就有五色糯饭、香饭、八宝饭、荷叶饭、桂花饭、竹筒饭、干捞饭、蕉叶饭、南瓜饭、芋头饭、腊香饭等。做法有铜铁锅蒸、煮和瓦煲烧、焖等多种。其中以植物叶染色的五色糯香饭为壮乡所爱，在桂中、桂西的壮族地区较著名。面食随着麦类种植推广而增多，加上南移北方汉人面食风的影响，明至清初广西面食如面条、包点、饺食之类，用煮、蒸、烤、煎、烙、炸的烹食法已异常丰富。面食之丰富与当时广泛使用礁、磨两种粮食加工工具密不可分，其中磨分石磨和水磨两种，特别是水磨制面在明代的桂林已成一发达的手工业，位于桂林北面的磨面洲因此而得名。这一时期桂林产的面因质量好而畅销广东沿海一带，《临桂县志》说："粤土惟桂林面第一等，粤东皆仰给焉。"

（五）酿酒与茶业普遍兴盛

酿酒与茶业的兴盛是宋至清初广西饮食茁壮生长和成熟发展的标志。广西先民大约在新石器晚期即会酿酒，至两汉时广西酿酒已普及各地区，发展到唐时技术已很高，宋至清初，已进入到凡粮皆可酿酒的地步。宋代广西酒业发达，因"广右无酒禁"，故"公私皆有美酿"。宋代有文献记录的广西酒类有瑞露酒、古辣酒、老酒、昭州酒、白酒、糯米酒、玉米酒、粟米酒、薯酒、惹米酒等，其中以前四种最为闻名。

宋至清初广西茶业为有史以来最盛时期。广西茶"盖始于汉晋之间，至唐盛"（《桂平县志》），至宋时大发展，明至清初已扩至60多个县。这一时期茶已成为广西不少地区的主要经济作物之一。宋代融水、临桂、灵川、兴安、荔浦、义宁、永福、古县、修仁、平南、南流、兴业、宾州、昭州、灌阳等县产茶合计有87 998斤之多（南宋绍兴年间三十二年户部统计）；明代光收茶税就多达1 183贯；清初广西各地丘陵、坡岭间大多产茶，年产量不下30万担。桂平西山茶、苍梧六堡茶、横县、凌云、乐业白毛茶等名茶已远近盛名。其中苍梧六堡茶"色青绿而味芳烈，不减龙井"；横县白毛茶曾于1882年获巴拿马万国博览会二等奖。

二、近现代广西民族饮食的发展——以钦州为例

民国期间，钦州地区就涌现了以雇工方式从事矿业生产的集资公司，并相继兴建电灯厂、碾米厂、印刷厂等。至1949年，有制糖、制盐、食品加工、金属修理、造纸、皮革、陶器、铁器、木器、碾米、纺织等行业。中华人民共和国成立后，钦州先后属广东省钦廉专区，广西壮族自治区钦州专区，广西壮族自治区钦州专区，广东省合浦专区，湛江专区，广西壮族钦州专区，广西壮族自治区钦州专区，直到1994年6月28日，经国务院批准，撤销钦州地区，才设立成现今的地级钦州市。

经过历史的不断沉淀，现今钦州形成的饮食风味以咸、鲜、甜、酸、辣为主，加上其制糖工业发达，以及靠海的特点，以甜和鲜味使用尤为明显，很多名菜肴或小吃中都用到了蚝油。又因地理位置与广东接壤，曾属于广东，粤菜风味在当地的菜肴中融合得也比较多。在食品烹制过程中，喜欢使用各

种香料，包括干椒、葱、姜、八角、香叶等。现今钦州主要的名特海产是大蚝、对虾、青蟹、石斑鱼、海鸭蛋，五大名优水果为荔枝、龙眼、香蕉、芒果、菠萝，常见的特色食品包括灵山烧鸭和大粽、武利牛巴、浦北啤酒官桐鱼和红椎菌毛蟹汤、蚝油柚皮鸭、青蟹汤、椒盐虾、老鸭汤等特色菜以及特色小吃海瓜皮、钦州猪脚粉（素有"钦州猪脚粉，神仙也打滚"之说）、钦州焗花蟹（广西饮食文化遗产），各种海螺小炒、糯米球、酿豆腐等，名茶有浦北苦丁茶等。

第四节　广西民族特色饮食膳食结构

一、广西民族居民膳食结构分析

随着社会和经济的发展，广西城乡居民食物供给量不断丰富，营养状况得到改善。

广西居民膳食结构主要有以下特点：第一，粮谷类依然是膳食主体，摄入较为合理，平均消费量基本达到 CBDP 建议水平；第二，畜禽肉类摄入过量，远高于 CBDP 推荐量，也高于全国监测摄入量的中位数值；第三，奶及奶制品、豆及豆制品、蛋类、水产品、水果、蔬菜摄入不足，特别是奶类消费量较低；第四，日均食盐和油脂的摄入过量。

广西居民膳食结构还不够合理，含钙较高的奶类摄入不足，含蛋白质较高的价廉物美的豆类不足，含脂肪较低的水产品和蛋类不足，提供维生素和矿物质的蔬菜和水果不足，而与高血压密切相关的食盐过量、含脂肪较高的畜禽肉和油脂过量。膳食种类有明显的由低脂向高脂转变的趋势，会导致相关慢性病上升。居民膳食模式与目前高血压、糖尿病流行趋势密切相关，不利于慢性病防制。

广西居民高血压患病和超重率仍处于全国较高水平，应动员全社会的力量，开展膳食营养教育和干预，加强膳食指南的宣传，引导建立正确的膳食观念和模式，调整动物性食品的消费结构，加大乳及乳制品、豆制品营养价值的宣传力度，提倡多吃鲜奶及奶制品、含脂肪少的鱼类、禽类食品。在倡导平衡膳食和健康生活方式的同时，完善科学饮食相关政策，促进居民合理的膳食和营养，以防控相关慢性病的发生，促进社会经济和谐发展。

二、壮族和京族膳食结构的对比分析

将广西居民的各类食物平均消费量与中国居民膳食指南比较发现，随着经济发展和生活水平的提高，广西居民营养状况有较大的变化，肉、蛋、奶摄入显著增加，蛋白质、脂肪增加。深色蔬菜、奶类和豆类摄入偏低，钙、核黄素摄入不足，且在不同的地区，也还存在着一些特定的或共性的膳食模式不合理。

通过对广西两个世居民族壮族和京族居民的饮食习惯、食物种类以及摄入量的研究，从群体水平上对两民族居民的膳食结构和营养状况进行了初步探讨。调查结果显示，两民族居民的膳食以食物种类，相对多样的膳食模式为主，但食物摄入量不够均衡，主要表现为膳食结构趋向于高能量密度、脂肪等摄入偏多，优质蛋白质、钙及维生素等多种营养素摄入缺乏。两民族在食用油、调味品，不同食物摄入量及各营养素的摄入方面存在较大差异。

各类食物中，谷类和肉类每标准人日摄入量远远高于推荐摄入量。这与当地居民喜以大米作为主食有关。壮族居民新鲜蔬菜的摄入量基本满足"平衡宝塔"中推荐的 300g ~ 500g 摄入量范围，远远高于京族居民摄入量，而京族居民水产品摄入量则远远高于推荐摄入量，这可能与两民族所处的地理位置，食物来源及饮食习惯不同所致。壮族调查点处于内陆地区，京族调查点处在海边，壮族在植物性食物方面摄入较多，而京族则在水产品方面摄入比较多。京族在矿物质元素摄入方面要好于壮族，这可能与京族摄入较多海产品有关。此外，两民族豆类、水果及蛋奶类的摄入量明显不足，尤其是水果的摄入量不足中国标准人 RDA 的 20%，而且可能是蔬菜水果多为时令果蔬，种类较为单一，这是两民族居民维生素 C、E 及钙等营养元素摄入不足的重要原因。此外，随着谷类食品加工精细度的不断提高，维生素B1的含量持续下降，而且新的食物成分分析表明，谷类食物中维生素B1的含量呈下降趋势，因而当地居民的维生素B1摄入不足的情况，可能比估计的还要严重。值得注意的是两地居民的食盐和油脂类的每标准人日摄入量高于推荐摄入量，这与当地居民不合理饮食习惯是分不开的。

上述膳食结构使该人群能量摄入量基本满足需要，但能量来源的食物构成不尽合理，奶类、蛋类和水果类的摄入量过低，油脂类摄入过多，倾向于"高能量密度"膳食结构是两民族人群突出的饮食问题，提示两民族居民膳食结构仍需改善。因此应进一步加强宣传教育，提倡居民选择健康的生活方式，降低油脂和食盐的比例，增加蔬菜水果和蛋奶类食物的摄入，提高优质蛋白质和维生素等营养元素的摄入水平。

三、广西少数民族特色食品油茶营养分析

桂林恭城瑶族自治县的"打油茶"是当地少数民族特色传统其中之一，最早可追溯到南宋时期，清朝时期乾隆曾御赐恭城油茶为"爽神汤"，民间更有俗语："恭城土俗，油茶泡粥，祛瘴防疫，全身舒服"。油茶作为广西少数民族的特色食品，其制作方法独特，味道鲜美，与普通泡茶截然不同，民间认为："喝油茶时，茶叶有丰富的茶碱，生姜驱寒湿，大蒜消毒，花生米补充能量，具有消食健胃，驱湿避瘴之功效"。目前国内仅限于对茶叶降脂作用的动物研究，对油茶这类特色食品研究较少，至今仍没有有关油茶及其他特色食品与人群健康相关关系的研究和报道。

恭城油茶样品检测结果显示，油茶中富含茶多酚，其含量为1200mg/kg，达到国家规定的绿茶饮料的茶多酚含量。如每人每天喝两碗油茶（约350mL～400mL），茶多酚的摄入量为480mg。

大量实验研究表明茶多酚具有消除自由基及抗氧化抗衰老、抗辐射，抑制癌细胞生长，抗菌杀菌，抑制艾滋病病毒以及清洗烟民肺部尼古丁的作用，同时饮茶还有助降低血糖、血脂等作用。

恭城油茶的茶叶主要为农户自家种植的大叶绿茶为主，采摘时间为清明节前后。茶叶经过翻炒、蒸干、晾晒等简单处理后，悬挂保存于灶上的屋檐。有关研究表明，不同季节采摘的绿茶中有效成分的含量有一定变化，夏季采摘的茶多酚含量较高；而不同制茶工艺与时间对茶叶中茶多酚含量有一定的影响，茶叶的杀青和干燥对茶多酚含量的影响显著，且加工时间延长，茶多酚含量下降。

油茶的制作工艺独特，茶叶加入食用油、生姜等辅料经过3次锤打，每次锤打后加入开水高温煮沸出茶汤。茶汤中的茶多酚因浸泡方式与普通泡茶不同其析出量不同。杨维平等的研究结果表明在90℃~100℃下2次浸泡可以最大限度地获取茶多酚成分。而有关于提取茶多酚的方法中，以超声波提取法作为茶多酚含量测定前的处理方法，最为简单快速，含量最高。

油茶营养成分中除了茶多酚外，还有一定的矿物质，其中锰和铁离子含量的NRV%较其他金属离子高。研究表明锰离子在人体内一部分作为金属酶的组成成分，一部分作为酶的激活剂起作用；铁离子参与体内氧与二氧化碳的转运、交换和组织呼吸过程。

另一个值得关注的问题，油茶中的钠离子含量过高，达到327mg/100g，NRV%超过15。即如每人每天喝两碗油茶（约350ml~400ml），摄入的钠离子为1 308mg，根据中国营养学会推荐的正常成年人每天的钠离子的适宜（AI）摄入量为2200mg/d计算，每天喝两碗油茶的钠离子占AI量的59.4%。因此民间制作油茶的工艺需改进，在制作油茶过程中，尽可能少添加或不添加盐，以减少钠离子的过量摄入，而导致当地居民高血压患病率增高。

第三章　广西民族特色旅游

第一节　广西民族特色旅游资源

一、广西民族旅游资源现状

广西各民族旅游资源主要包括民族文化艺术、民族手工艺品、民族美食、民族服饰和建筑、民族礼仪等。它全面地反映了一个民族的历史和现实生活，体现了一个民族文化传统的真实的内涵。因而对世界各地的异族旅游者有较强的吸引力。

（一）各民族的民族文化艺术

广西各民族都以爱唱且擅唱山歌闻名，山歌表现手法多样，具有很高的艺术性，且有浓厚的生活气息和娱乐欣赏功能。壮族同胞每逢三月三，各歌圩都要举行盛大的歌节，素有"歌海"之称。侗族情歌优美，真挚热情，意蕴深长。"琵琶歌"以琵琶或加格以琴伴奏，曲调欢快流畅。其他如毛南族的"罗海歌""欢歌"，仫佬族的"走坡"对歌，坳瑶的"大声歌"都具有浓厚的民族特色。

八桂各族不但能歌，而且善舞，苗、壮、侗、瑶各族人民都喜爱的芦笙舞，舞蹈动作多在脚部，多走矮步，节奏明快，表现出很高的舞蹈技巧。还有铜鼓舞或长鼓舞，其他如壮族的春堂舞、扁担舞、采茶舞，瑶族的狩猎舞、瓦鼓舞，京族的跳天灯，苗族的板凳舞，仫佬族的牛筋舞，也都千姿百态，风情各异。

（二）各民族的民族服饰和建筑

广西各民族服饰绮丽多彩，颇有开发的价值。壮族的刺绣或镶边的服饰，瑶族的五彩斑斓的服装，侗族的芦笙服装，毛南族的马镫服装，各民族的百褶裙，向来都以奇异的魅力吸引游人。这些传统服装具有古朴的美，又蕴藏丰富的文化内涵，有极强的生命力。

壮、侗、瑶等族民居多为干栏式建筑。一般以木为原料，穿榫凿卯，很少用钉，却牢固耐用，对广西这种湿热潮湿，山居斜地的环境具有很强的适应性。其他民族建筑也大多为木结构。侗族的三江程阳风雨桥和马胖鼓楼就是这种木结构建筑体系的杰出代表。

（三）民族手工艺品

广西各族人民心灵手巧，擅长织染、刺绣、编织、雕刻。壮锦、侗锦色彩鲜艳，图案别致，苗族的刺绣，做工精巧细致，配色瑰丽多姿。瑶族的挑绣，将挑花和刺绣结合起来，图案优美生动。毛南族的编织和雕刻，具有独特的民族风格，所编"花竹帽"工艺精湛，非常美观，雕塑的木质假面具，形象生动逼真。艺编，是京族地区的工艺品，既有传统特点，又带现代风采。银饰，也是一种备受壮、瑶、苗、仡佬民族人民喜爱的工艺品，如能将这些手工艺品开发成旅游商品，定能受游人喜爱。

（四）民族美食

八桂大地，物产丰饶，茶酒饭菜风味独特，嗜酸喜吃糯食，是桂人饭食特点。酸味食品种类很多，侗、毛南族几乎无味不用酸，侗家酸鱼，酸鸭，毛南族三酸罗番皆酸味佳肴。糯米主食和点心众多，壮族的五色糯粑、沙糕，侗族的手抓糯米饭；苗、侗、瑶都喜爱的打油茶，香甜可口；毛南族菜牛肉鲜嫩可口。若能将这些有浓厚民族特色的食品开发成风味小吃供游人品尝，定会平添不少乐趣。

（五）民族礼仪

广西境内各少数民族大多民风淳朴，热情好客，开发民族礼仪具有深厚的生活基础和文化传统。如大瑶山瑶人鸣枪送客迎宾，以"礼歌会"待客；侗人以"打油茶"待客，苗人以拦路酒迎宾，都别开生面；八桂婚俗千姿百态，有深厚民族色彩，柳江壮族婚礼得唱哈唱歌，以牛车接亲，撒五谷进家门；

象州壮族婚礼由舅爷开姿、烧娘送、敬娘送，这些婚俗饶有风趣，值得开发利用。

二、民族旅游资源的远景规划

（一）理性规划民族风情旅游景点

在全国的旅游业中，民族风情旅游景区的开发已成为旅游产业中一支生力军，但在全国风起云涌般的建设中，不少民族风情旅游景区靠单纯地模仿"克隆"出来，也会出现一些不和谐之氰。例如，1997年江苏福禄贝科幻乐园倒闭，在海南省投资1.2亿元的"中华民族文化村"开业八个月，亏损总额已超过千万元，不得不申请停业以上的教训，值得我区在开发民族风情旅游景区时引起注意。原因何在？可以得出下列几点启示：

第一，主题重复，缺乏个性考察我国成功的主题公园，都是个性鲜明，各有千秋的。如深圳世界之窗、中华民俗村等都给游客留下难忘的印象，而上述那些不成功的例子，大都是不顾实际情况盲目仿效，在不同的地方改头换面和不负责任地卖弄同一个策划和设计方案，这是必须避免的。

第二，可行性研究薄弧缺乏真正意义上的可行性研究，是部分民族风情旅游景点失败的原因。有些景点只是乐观地用别人成功的例子做简单类比，不去全面分析其成功的因素和条件，也不分析自己所在的城市是否具备条件发展，因此出现了某些从投资肇始就注定要失败的事例。

（二）抢救即将消亡的民族旅游项目

从广西目前已经开发出来的民族旅游资源来看，大部分的资源集中于壮、侗、瑶、苗族，而地处边陲，人口较少的讫佬族、京族的民族旅游资源的开发却还是空白。众所周知，开发民族旅游资源需要许多现实的条件，但旅游部门的决策和眼光也是十分重要的。这些宝贵的旅游资源，如不及时开发和利用。若干年以后它们就会消亡，从而对广西旅游业造成无可挽回的损失，所以，决策者必须尽快地把抢救这些宝贵的民族旅游资源的工作提上日程。

三、保护广西旅游资源的对策

(一)提高对旅游资源保护的认识

广西应该以历史唯物主义的观点去认识各族之间以及人类与自然之间的历史渊源,有责任有义务地去珍惜保护和抢救广西的古老文明和自然遗产,要特别注重精神文明的特写价值,从不同民族的语言、习俗,包括口头传承文学等,可了解到该民族的不同历史背景,不同生存环境和社会条件,不同发展过程、不同的思维模式,勤劳勇敢、热爱生活、热爱大自然与大自然的万物和谐共存的优良品德和情操;这也是教育现代人,提高民族自信、自尊、自爱、自强、自觉,促进各民族间、区内外、与东盟乃至全世界之间的文化交流;这是旅游业责无旁贷的义务,越是民族的也就越是世界的,世界并不因为你的相同才认同你,而是因为你的不同才认同你,因为,游客有求异心理,要看要体验新事物。只要挖掘出体现广西特色的文化遗产,只要旅游业能够弘扬广西独特的文化,广西就能走上世界,世界才会走进广西。要突出广西的特色,首先就要保护广西原有的文化遗产,特别要提高政府官员和民众的文保意识。如果丢失或缺失了任何一个地区与民族的历史,我国的历史和文明就会变得残缺不全,就会愧对我们的子孙后代,一定要依托广西各民族共同创造的历史,尊重广西古老文明和传承,才能坚实地立足于现实,用强盛的精神面貌面对日益兴起的文化旅游高潮。

由于经济发展与文保的矛盾越来越尖锐,必须要找到发展与保护的平衡点。当前,在外来文化重兵压境之下,发展地方旅游业就是切实保护地方文化资源最好的最便捷的切入点。广西誉为"歌海",在旅游资源保护中首先要真正把民歌保护起来。把"歌海文化"贯穿旅游之中,根据山歌即兴编唱的特点,注重开发"情景山歌",让歌手因山、因水、因人因事抒发感情,在旅游过程中,让民歌感染游客,提高旅游的文化品位,传承民族文化。

在民歌文化遗产处于濒临消亡的险境之际,2002年中国政府与联合国教科文组织签订了《中国少数民族民歌保护行动计划》,广西少数民族语言文字工作委员会在5年前开始了一个拯救性行动：培训农村歌手歌师计划。这些有效的行动无疑给民歌带来生机，期望着政府的这些行动能够持之以恒。保护民族文化也应该是社会化的行为，希望有更多的部门，更多的学者、艺术家加入这种行动中来。

（二）法律保障和宣传措施

保护文化遗产和保护生态环境，有保留和保护之分，保留是原封不动全部原样保留，不但要保留文化遗产，还要保留相关的文化生态环境；保护则可以有选择地进行保护。学术界普遍认为"非物质文化遗产应回到劳动链中存活下去，劳动创造文化并承载文化，不能脱离载体去单纯救助文化。"即文化在劳动中生存，在生活中传递，传承必须社会化。但是，保留并不就意味着凝固在过去。广西为保护生态环境而尝试建立一些生态博物馆，如白裤瑶生态博物馆、靖西旧州和那坡达文黑衣壮博物馆等。这种由政府主导、专家指导、社区参与而建设的生态博物馆将整个村落的整个人类生活都作为生态博物馆的内容，如何保障当地人继续发展的权力，仍然是生态旅游必须解决的一大难题。

国外的一些做法很值得参考，意大利拥有全世界大约60%的历史、考古及艺术资源。这些文化遗产能够保留到今天，主要是该国极度重视文物保护工作。意大利政府认为，文化遗产是国家魅力和竞争力的重要体现，因此把保护、开发和利用文化遗产定为长期国策，颁布了严格的法律进行规范，如国家根本大法《宪法》的第九条和《文化和自然遗产法》等，严格执行合理的文保制度更为重要。政府规定历史名城所有建筑物的外部结构管理权属于国家，任何人不能对建筑物进行整体改造，原则上也不能增加新建筑。同时，政府还十分注重培养公民文保意识。学校常有文保现场教学，意大利政府每年都举办"文化遗产周"活动，目的就是"真正使人感到每一代人在文物保护上祖先和子孙的庄严责任"。

广西旅游宣传要达到提高广西形象的目的，必须要充实宣传的文化内涵，要将宣传广西的意识落实到每一个地方、每一个部门、每一次机会，广西文化主要有岭南文化、壮文化等，历史文化脉络与相应的旅游景区紧密结合。如明代"花瓦氏，能杀楼"的民谣在江南到处传诵，指的就是田阳县壮族抗楼女英雄瓦氏夫人。但今天已经没有人知道这位出自广西的民族英雄了，应该在田阳和靖西等地景区大张旗鼓地树立起瓦氏的形象，提高当地的文化旅游的品位。广西要在相关的景区宣传刘三姐系列文化，包括刘三姐的传说、山歌、故乡、工艺品等，要统一刘三姐的形象和音乐的主旋律，刘三姐不只是一个山歌歌手，而是有着丰富的内涵、精神、风格：热爱劳动，热爱大自然；不畏强暴和权势；热情歌唱生活、爱情和大自然的美丽的壮族姑娘，广西电视台不要再搞"寻找金花"了，因为谁都知道金花是云南的，寻找金花不能找到广西的影子；"寻找刘三姐"却能通过广西土生土长的精英弘扬广西的文明，树立广西的形象。桂林也应该让象鼻山的形象充分展现出来，不要让全国全世界的游客在心里说桂林小里小气。

第二节　广西民族特色旅游开发

一、广西民族旅游资源开发、利用现状

民族旅游是一种融民族文化于旅游活动的人文活动，它不同于一般的旅游，仅是游山玩水，观看人文景点，而是将游山玩水、观看人文景点与当地的民族文化活动有机地联系在一起，让人们在轻松愉快的游玩过程中开阔眼界，增长民族知识，提高生活情趣，改变枯燥无味的生活方式。这种以同一地区的民族文化活动、生态环境、人文景观为旅游资源的民族文化旅游在旅游业中异军突起之后，引起了广大游客的关注和欢迎，并成为一种新的旅游时尚。广西既是个历史文化悠久的地区，又是个多民族聚居的自治区，山水独特，风景秀丽，民族旅游资源十分丰富。近十余年来，广西许多县市都从本地的实际情况出发，把民族旅游资源的开发、利用作为旅游开发的重要任务。自治区人民政府经组织专家充分论证，要求各地大力开发民族旅游资源，

把民族旅游业作为民族地区的主要产业来抓，将广西建成旅游大省，进一步促进民族地区的社会经济发展。在广西各级政府部门的努力下，广西的民族旅游资源得到了较好的开发、利用，全区旅游业得到了长足的发展。

经过十数年的探索、实践，广西各级政府已充分认识到民族文化这一特殊旅游资源在民族旅游中的重要作用。不少县市相继兴建"民俗文化村""民族旅游村寨"，隆重推出"民族文化旅游""民俗旅游""少数民族风情游"。但由于科学论证不足，对少数民族的民族文化了解不深，尊重不够，一些不合理的开发、利用给旅游地的民族文化带来了许多消极影响和负面效应。

第一是旅游地的民族传统文化的退化与萎缩。毋庸置疑，民族旅游资源的开发促进了旅游地的社会经济发展，给部分群众增加了收入。但民族旅游资源开发本身又是一把双刃剑，一些欠科学、不合理的民族旅游开发对旅游地民族传统文化的损害极为严重，结果是民族旅游开发到哪里，哪里的民族传统文化便急剧改变，民族风情逐渐被冲淡、同化、消失，从而令旅游者大失所望。据盘小梅、毛殊凡副研究员调查，广西融水苗族自治县香粉乡雨卜村乾如屯自开发为民族旅游村寨后，十余年的时间，山涧上原有的风车、水车、小水电发电机已不见踪影，山溪边用流水舂米的小屋已消失，竹宽引水的民俗事象已不多见，过年、节吹芦笙的后生已不多，踩堂的姑娘也日益减少，行歌坐夜、欢乐通宵的景光再也不那么投入和热闹，这些逐渐消失的民族传统文化令旅游者无限感叹。广西南丹县白裤瑶是一个民族传统文化保留得较好的族群，"白裤瑶"这一称谓即来自其男子服饰特征。但近数十年来，随着经济、文化的发展与民族间的接触交流，到白裤瑶聚居区考察、采风、观光的人日益增多，受外族经济、文化的影响，越来越多的白裤瑶青年改穿汉族服饰和时装，白裤瑶传统服饰正在悄然消失或同化。这些民族传统文化的消失和同化，最终将会导致民族旅游资源特色的丧失，出现民族旅游的单一化与一般化，令旅游者失去兴趣，从而导致民族旅游业的萎缩和老化。

第二是民族旅游资源开发的庸俗化。合理的、科学的民族旅游资源开发，可以弘扬民族优秀传统文化，促进旅游地的社会经济、文化发展。但一些地方在开发、利用民族旅游资源过程中，忽视对旅游开发地的少数民族的尊重与参与；或过分、夸大其词地对旅游地的民俗风情进行渲染；或因猎奇、标新立异挫伤旅游地的民族感情，歪曲或亵渎少数民族传统文化，使民族旅游资源开发陷入庸俗化，个别地区甚至因此激发民族矛盾的产生，使民族旅游开发项目中途而废。

历史上，广西少数民族地区由于种种原因，社会经济发展比较缓慢，社会历史进程不平衡，民族风俗独特。一些地区在开发、利用民族旅游资源时，不是历史地、辩证地、科学地正确引导，没有认真深入地研究民族文化的丰富内涵及其独特的民族性，而是简单化地生搬硬套，把一些不健康的、落后的个别现象作为民族文化的主流进行宣扬，造成不良影响。像将少数民族婚恋中的"玩婊""坐妹"等作为旅游资源开发而引起少数民族干部、群众反对，逐级上访、告状的事在广西民族旅游资源开发中并不少见。

一些部门和旅游企业受到经济利益驱动，突出或恢复或再造民族旅游资源时，完全不尊重少数民族群众的意愿与专家的意见，这些为吸引游客而复兴、兴建与展现的东西，大多与少数民族的生活脱节，游离于旅游地的民间社会生活之外。这种以经济效益为主要目的的民族旅游资源开发，虽然有助于经济的增长，但因受其带有与少数民族传统文化实际脱节的、强烈的、功利主义的影响，其所开发出来的资源已不是旅游地民族文化的自然显露，而是出于商业追求着意示示，甚至失真、歪曲和亵渎少数民族文化，和少数民族文化本色已有相当的距离，给旅游开发带来负面效益与消极影响。

二、广西文化旅游资源开发定位分析

（一）文化旅游性质的定位

1. 广西文化旅游资源属于民族旅游资源

广西文化旅游资源以民族文化为主要内容。区域地域文化的形成，是自然环境人文环境共同作用的结果。广西喀斯特地貌区神奇的自然景观及以壮族为代表的少数民族人文风情，共同塑造了独特文化旅游资源。在体验经济时代，游客不仅仅是满足于游山玩水，而更多的是强调参与、经历这些特殊的生活方式与民族文化，在体验的过程中，获取对广西民族文化遗产的文化形态的认知和了解。因此，广西文化旅游资源应该定位为民族旅游资源。

2. 广西文化旅游所引发的是跨民族、跨文化交流

民族文化旅游是民族资源与文化很好地结合的产物，是一种特殊的旅游活动，还是一种特殊的族群文化冲撞。广西作为经济不发达地区，与外界的交流相对闭塞，属于相对弱势的文化群体，当外来的强势文化群体到访，更吸引旅游者眼球的必然是广西特色的民族风情，自然形成以特色民族文化资源为载体的跨民族、跨文化的交流与冲撞。因此，广西文化旅游应该定位为民族文化旅游，而不是一般的观光旅行。

（二）广西民族文化旅游形象定位

广西少数民族地区的文脉特色主要体现为以下几个关键元素：诗歌、民歌享誉中外；岭南山水文化源远流长；铜鼓艺术古老神秘；花山崖画诡秘神奇；建筑艺术技艺超群；多民族风情独特浓郁；走向东南亚的桥梁；区域建设日新月异。

简言之，广西民族文化旅游形象要凸显出"人文山水""壮乡风情"的博大民族文化底蕴，文化形象定位可以概括为"人文山水活力情"。提起广西，人们自然会首先联想到"桂林山水甲天下"，桂林以其特有的山水风光闻名天下，也把广西民族文化旅游与塞北、江南、西域、藏区等文化区别开来，只有围绕广西特有的"人文山水"魅力挖掘主打的民族文化旅游产品，才具有持久的市场垄断性和竞争力。此外，不少外地游客对广西文化形象的感知还局限于老少边穷，不发达的贫困地区等印象上，实际上，广西作为连接东南亚的国际大通道的要塞，已经构筑成为中国走向东南亚重要的桥梁和基地，并明确了广西在中国—东盟自由贸易区构筑过程中的地位和作用。"活力"一词能形象地概括出广西旅游形象的新思路、新发展、新气象，形成对比，改变以往负面的印象，激发外地旅游者向往的动机。"情"一词又突出了广西深厚的民俗文化内涵，正是迎合了都市游客追求异质，体验、品味生

活的心理满足感。

（三）广西民族文化旅游产品定位

依据广西文化旅游资源特色及形象定位，我们的基本思路是将广西特有的民族文化元素设计成完整的文化链，通过元素整合、创意策划、包装宣传、市场运营、项目运作的方式打造龙头品牌的文化旅游项目，目标是形成符合旅游市场需求的，广西本土特色鲜明的民族文化旅游产业。目前根据这种开发模式，已取得较大成功的案例，如《印象·刘三姐》使"广西—刘三姐的故乡"品牌形象进一步深入人心；"宁明花山崖壁画"申遗举措，向世人展示了古老的骆越民族文化；"布洛陀旅游文化节"入选央视，成功弘扬了布洛陀文化的神奇之处。将民族文化旅游项目打造成精品，既增加了其吸引力，产生了旅游经济效益，又显现了广西少数民族文化内涵，增强了民族文化旅游核心竞争力。

（四）广西文化旅游市场定位分析

1. 国际客源市场定位分析

目前广西入境旅游国际客源市场可以分成四类：港澳台为一类，越南为一类，韩国、美国、日本和马来西亚为一类，其他国家为一类。国际客源市场如此分布的原因有以下两方面。一方面，港澳地区成为广西最重要的客源市场，与广西地处西南旅游圈和东南亚旅游圈结合的独特位置，是中国的第三大侨乡的历史渊源是分不开的。而越南日益成为广西第二大客源市场，是因为"中国—东盟博览会"永久落户南宁产生的旅游效应，加之良好的地缘文化优势促成了越南在广西入境旅游市场中无可替代的地位。另一方面，广西开辟了多条国际航线，开发了多条跨国旅游线路，每年到广西的东盟游客大幅增加。但由于航线涵盖国家主要集中在东南亚、韩国等地，国际客源分布范围较狭窄。

2. 国内客源市场定位分析

2011年，广西接待游客总数达17 560.19万人次，其中，超过70%国内游客来自广西区内、广东和湖南，来自全国其他28个省、市、自治区的游客占30%，这部分市场客源数基本符合距离衰减规律。此外，广西接待的游客主要集中在南宁和桂林，分别有4 347.74万人次和2 623.78万人次，占广西接待国内游客的比重分别为25%和15%，其他各市国内游客所占比重均不超过10%。国内客源分布过于集中，其原因主要是由于旅游资源主要集中在经济发展较好的桂林、南宁和北海，自治区内游客比重较大，加上广东和湖南靠近桂东和桂北，地理位置上的优势，使粤湘两省成为国内主要客源地。

第三节 广西民族特色旅游发展

一、东南亚民俗旅游对广西旅游发展的启示

（一）广西民俗旅游发展所存在的问题

广西各地的民俗旅游发展较晚，基础较差，资金投入远不能推动民俗旅游的快步发展。改革开放以来，中国民族地区的旅游得以逐步发展。但是，广西的民俗旅游的发展，由于受到了经济发展的影响而受到了制约，旅游资源的开发还很不完善，投入较少。同时，由于起点较低，所以旅游设施的建设和维护的资金却很大，这就导致了民族地区的旅游并没有很大的发展，而且滞后发展的问题较多。

1. 民族旅游区距主要客源市场远，景区间距大，运输成本高

广西民族地区旅游的主要客源来自国内，民族地区的旅游开发业也重点针对国内的客源市场。另外一方面，广西的民族旅游地区和欧、美、日这三大我国主要国际客源市场距离较远，港、澳、台地区到广西的交通也不太便利；我国国际游客的主要入境口岸主要分布在东南沿海一带，所以国际游客要通过各种交通工具才能到达广西的民族地区，这就导致了旅游者在到达旅游目的地之前就很疲惫；加上广西民族地区较多，民族旅游区之间距离较远，所以，交通就成了广西民族地区的民俗旅游的发展的瓶颈。

2. 民族地区旅游基础设施落后

一方面，交通通信设施不发达导致广西与国内其他地区和一些国际旅游市场联系较少，旅客运输和货物运输不通畅，进出民族地区更是不方便；其次，民族地区的旅游信息咨询服务较差，游客与旅游地区的通信联络不通畅等不利条件都减弱了国内及国际游客对广西的民俗旅游的兴趣，负面影响了民俗旅游在广西的发展。

（二）东南亚民俗旅游发展对开发广西民俗旅游的启示

1. 全面发掘民俗文化，打造广西民俗旅游品牌

东南亚的民俗旅游能长盛不衰的重要原因就是其民俗旅游的品牌，如泰国的"泼水节"没年都能吸引大批游客参与，因此，打造广西的民俗文化品牌非常重要。一方面，广西要从各方面发掘民俗文化，对民俗文化要进行合理的调查研究及取证，建立民俗文化信息库，科学地研究和确立广西民俗文化的发展方向，结合人们对民俗旅游的新鲜感，提高民俗旅游的娱乐性和文化性，突出广西地区的民族特色，全面打造广西的民俗旅游品牌。

2. 重视民俗旅游资源开发人才的培养

广西民俗旅游的发展少不了需要大量的资源开发的人才，这就需要在各大高校在课程建设当中，注重民俗旅游资源开发的研究，重点建设一些与广西旅游资源开发学科和专业，培养合格的、具有很强的专业素质的民俗旅游资源开发的人才。只有做到这些，才能够确保广西民俗旅游资源的开发更具有合理性和创造性，从而使广西的民俗旅游资源得到合理的开发。同时，各大高校应该努力培养综合素质较好，对广西民俗文化较为了解的人才，以适应广西民俗健康而快速发展的需要。

3. 合理开发广西民族旅游商品

游客对具有地方特色的广西的民俗文化颇感兴趣之外，还愿意购买一些具有特色的旅游纪念品，尤其是具有民族特色的衣服装饰品、民族手工艺品、具有区内各地特色的民间食品和具有民族特色的生活器具等。所以，需要从更广阔的角度来研究和开发广西的民族旅游纪念品，以确保广西的民族旅游

纪念品的丰富性和民族性。同时，还要突出广西本地区的民族特色和文化蕴涵，切忌千篇一律和庸俗化。

在做到以上各点的同时，还需要保证广西民俗旅游发展的可持续性，不要过度开发不可再生的旅游资源，在更大程度上促进和推动广西旅游业整体的发展。

东南亚国家民俗旅游的发展是比较成熟的，其民俗旅游的发展保证了起经济的稳定发展。所以，要充分认识广西民俗旅游资源的特点，合理和教有针对性地开发广西的民俗旅游资源。同时，我们也要注重民俗文化的可持续发展，以保证民俗旅游发展的长期性。另外，为了更好地吸引国内外游客，还必须有科学的指导方针和策略，打造广西民俗旅游品牌，向世界推出更具有综合竞争力的广西旅游奇葩。

二、关于发展广西民族旅游业的思考

（一）开发民族旅游资源，振兴民族地区经济

广西的旅游资源是十分丰富的，但过去由于宣传不够，人们只较多地注意了桂林、北海等地的旅游资源，忽略了民族文化旅游资源，使得广西的民族旅游资源没有得到应有的发展。事实上，随着科学文化的进步，社会文明程度的提高，在众多的旅游者中，除参观世界名城外，越来越多的人开始向往回归大自然，希望能到森林旷野中去享受大自然的恩赐；到乡村田野中去体验田园生活，感受异族文化；到人迹罕见的高山大川去探险寻奇，以满足个人的好奇心理。国内外旅游业的蓬勃发展，为广西旅游业的发展创造了良好的机遇与环境，我们必须抓住这个机遇，大力开发民族旅游资源，把民族旅游业作为民族地区的主要产业来抓，将广西建成旅游大省，这将对民族地区的经济发展起到重大的推动作用：

第一，可以增加民族地区的财政收入。除桂林、北海等几大城市外，广西的旅游资源大部分分布在民族地区。由于历史上的原因，这些地区的经济发展一直比较缓慢。改革开放后，这些地区经济虽然有了较大的发展，但由

于基础薄弱，资金紧缺，全区还有40多个县靠财政补贴过日子。而旅游业是项投资少、见效快的无烟产业，只要充分开发各地目前现有的资源，略加改善，便可成为含有原汁原味的民族旅游景点，接待游客。所以，要增加地方财政收入，选择、确立民族地区的投资项目，应当改变传统观念，不能眼睛只盯在第一、第二产业上，一提资源，不是矿，就是煤，对民族旅游资源视而不见。事实上，与开发和投资第一、第二产业相比，旅游业的投入要小得多，产出却大得多，而且收益回报也快。对于缺乏工业基础与资金来源的民族地区说，投资旅游业，可收到立竿见影的效果。

第二，可以带动其他产业的发展。旅游业是一个综合性的产业，它的开发与兴起，势必涉及交通、邮电、银行、保险、饮食、文化等各个部门。旅游业的发展离不开社会各行各业的配合，同时，旅游业的发展又反过来刺激和促进各行各业的发展，二者之间互相依存，互相促进。比如，广西工艺美术品精美而丰富。壮族的织锦、绣球，瑶族的挑花挎包，苗族的芦笙等，都是游客争相购买留念的工艺旅游品。工艺旅游纪念品市场的兴旺，使得民族地区的手工业生产经营获得生机。总之，随着民族地区旅游业的开发与兴起，各行各业将出现一个蓬勃发展的新局面。

第三，可以增加农民收入。据有关部门统计，广西至今仍有600多万人未摆脱贫困，生活在温饱线下。在农村，大部分农民仍以农为主，农副业收入较少，家庭收入低，开发旅游资源，将为部分农民提供从事第二职业的机会，增加农民收入。广西融水、龙胜一带的农民，平时以务农为主，游客进村前，人们才聚集村前迎客，为游客表演民族歌舞戏曲，摆卖民族风味小食和工艺品，每月收获颇丰。这种不离乡土，农业、旅游并重，增加农民收入的做法，能使农民早日摆脱贫困，实现小康。

第四，可以促进民族民间交流，扩大广西知名度。历史上，广西经济发展缓慢，文化落后，知名度不高。随着民族旅游资源的开发，大量涌入的旅游观光人流带来了商流、物流、财流的信息流。同时，这些来自各地的游客在观光旅游过程中，看到了广西丰富的自然资源与建设投资的广阔前景，回去后，他们当中的一部分人会有意无意地在各种不同的场合自觉地为我们传递各种经济信息，宣传广西的资源优势，扩大广西在国内外的影响，增加知名度，吸引国内外经贸人士、企业家前来投资、开发，从而推动广西经济的发展繁荣。

（二）采取切实有效措施，大力发展广西民族旅游事业

第一，树立市场经济观念，提高对旅游业在国民经济中地位作用的认识，建设旅游大区。广西的民族旅游业有着得天独厚的条件与广阔的发展前景，但过去一直宣传、重视不够。没有取得应有的社会效益和经济效益。所以，必须更新发展思路，树立市场经济观念，正确认识旅游业在国民经济建设中的地位与作用，牢固树立发展旅游业带动其他一系列相关产业发展的观念。将旅游业作为全区经济发展的龙头产业纳入广西国民经济与社会发展计划，重新调整产业结构，把旅游业作为重点支持对象，在资金、利率、税收等各方面给予优惠政策，按照国际标准与市场需求开发民族旅游资源，逐步将旅游资源转化为经济优势，提高旅游效益，努力将广西建设成为在国内外影响大、吸引力强的民族旅游胜地，使广西成为中国旅游大省之一。

第二，突出民族特色，开发独有资源。广西民族旅游资源丰富，特色鲜明，为开发具有特色的民族旅游业提供了良好的基础条件。所以，广西民族旅游资源的开发，在进一步充实与完善现有旅游景点的同时，应抓住民族特色大做文章，重点开发桂林、阳朔、兴安、龙胜自然风光山水游，北海、防城、钦州亚热带风光滨海民族风情游，凭祥、靖西、那坡、东兴边贸民族风情游，柳州、三江、融水、金秀瑶苗侗山地民族风情游，南宁、武鸣、岜宁、宁明壮族风情游，做到"人无我有，人有我精"。不仅旅游内容要有民族文化特色，让游客观赏到具有民族特色的传统歌舞、服饰、婚丧礼仪、宗教习俗、节日庆典等传统文化，而且旅游点的建筑物要体现民族风格，旅游从业人员要着民族服饰、用民族礼仪、用民族传统风味饮食接待游客。此外，还要制作具有民族特色的旅游纪念品，满足游客购买旅游纪念品的需要，使整个旅游活

动都充满浓郁的民族特色和地方特色。

第四节　广西民族特色旅游经济

一、广西发展特色旅游业与区域经济的全方位思考

（一）广西发展特色旅游业的历史性机遇

中央经济工作会议之后，国家对旅游业制定了新的政策：把旅游业作为新的增长点、实行产业调整政策、可持续发展政策、西部大开发政策、加入WTO政策等。广西也利用以上的政策结合少数民族地区、贫困地区、沿边沿海的优惠政策，特别是西部大开发在广西旅游相关行业中加大建设资金投入力度，将有利广西旅游设施建设和改造。比如，中央对西部大开发加大资金投入力度，优先安排建设项目、加大财政转移支付力度、加大金融信贷支持等扶持性政策，将有力地推动广西旅游基础设施建设。中央对西部大开发政策包括了与旅游业相关联的绝大部分产业，如交通、信息、电力、生态、商业、保险、广播电视和人才培养等，将必然带动旅游业的发展。

从加入WTO来看，将扩大广西入境旅游市场。由刊《服务贸易总协定》打开了人员跨地区、跨国界流动的大门，入境障碍逐渐消除，将使入境旅游有较大增长。广西商务旅游和娱乐消费也将大幅提高。"入世"将推动广西旅游企业规范化、制度化的改革，迫使现有的旅游企业在管理、经营上提高竞争力。外资的投入将促使广西各旅行社重组，使之更能适应市场竞争的需要。随着外资及国外直接投资的法规逐步完善，必将引发新一轮的外资流入高潮，从而解决旅游资金缺口问题。在环保方面，"入世"后，世贸组织对环保技术和资金支持，有利于在最大限度地开发旅游资源的同时，保护自然环境，实现广西旅游业的可持续发展。

（二）广西特色旅游资源后续发展优势

广西已开发的桂林山水风光等特色旅游精品，创出了广西特色旅游的形象。只有在进一步优化这些精品的同时，不断开发出新的特色产品，才能处于长盛不衰的优势。

由于人力、物力、财力和地区发展不均衡等因素的制约，广西还有许多世界级、国家级、省级的特色旅游资源未能开发。但从另个角度看，这也是广西在今后相当长的时期可能不断推出新产品的条件。

当前，有待开发和深度开发的自然景观旅游资源：

一是自然山岳旅游资源。猫儿山、元宝山、十万大山、大瑶山、大明山、大容山等，这些地方均可开发为山水自然风光旅游胜地。西部的大化县七百弄和巴马、靖西、旧州等地峰林叠嶂与民族村寨融为一体，可开发为自然风光与民族风情结合的旅游地。此外，有待开发的岩溶洞穴自然景观也非常丰富。

二是江海水库和瀑布泉水旅游资源。广西河流众多，总长度约34 000千米，全区有大小型水库4 000多座，面积8万多平方千米。漓江、左江、右江、红水河、盘阳河、灵渠、青狮潭、星岛湖等江河水库有待开发。瀑布泉水资源也十分丰富。除著名的德天瀑布外，还有资源宝鼎瀑布、贺州仙姑瀑布和瓦瑶冲瀑布、左江响水瀑布、靖西通灵瀑布、三叠岭瀑布和隆林冷水瀑布群等。泉水资源有龙胜矮岭温泉、象州温泉、陆川温泉、博白温罗温泉、平乐县仙家温泉、容县黎村温泉等开发潜力大，具有很高的旅游开发价值。

三是海滩海岛风光资源。广西的北海市、钦州市和防城港市濒临北部湾，东起英罗湖西至北仑河口，全长1 595千米，沿海有岛屿400多个，已开发的著名北海银滩是世界少有的优良海水浴场和度假旅游胜地。北海的涠洲岛和斜阳岛是我国最大的火山岛，两岛景色迷人，还有大面积珊瑚礁，具有很高的旅游开发价值。

四是山地森林和珍稀动物资源。广西有森林面积932.88万公顷，森林覆盖率为39.2%，其中有生态保护良好的原始森林。有11个国家级，8个自治区级森林公园。其中乐业县大石围天坑是世界级的原始森林景观，开发前景诱人。珍稀植物资源是广西的一大特色。广西的珍稀濒危植物有一类保护植物金花茶、银杉等4种，占国家一类保护植物总数的一半；二类保护植物51种，占全国总数2/5。全区有野生动物884种，有297种是国家重点保护动物，其中属国家一级保护动物有白叶猴等26种，二级保护动物177种。不少动物集中在旅游区内，是极有开发前景的旅游资源。

社会旅游资源有：

一是民族风情和边关风情。广西聚居着壮、汉、瑶、苗、侗等12个民族。各民族独特的建筑、饮食、婚嫁、节庆等传统习俗，构成多彩的民俗旅游资源。广西与越南山水相连，有1 020千米边境线。已开放的一类陆运口岸有凭祥、友谊关、水口和东兴，两国间货物、人员往来繁忙，边贸和边境旅游观光日趋活跃，有开发跨国旅游观光潜力。

二是长寿乡生活习俗旅游。广西西部以巴马县为中心的盘阳河畔，有上百名百岁长寿老人。那里有独特的地理和气候环境，原始生态保持良好，四季如春，生活平稳，邻里和睦，饮食独特，是开发长寿习俗旅游的理想资源。

三是现代化大型工程。改革开放以来，广西工业建设突飞猛进，许多现代化大型工程成为有观赏价值的旅游资源，如南昆铁路、平果铝厂、岩滩水电站、天生桥水电站、大化水电站、百色澄碧湖水电站、贵港和桂平的航运枢纽等均可开发为旅游观光区。

二、基于人本理念的广西民族旅游经济发展

（一）人本理念：民族旅游经济发展的内涵

目前，旅游业发展中对以人为本的理解主要还是强调提高服务质量，满足旅游者需求，其落脚点常限于对旅游者利益诉求的保护上。笔者认为这种人本理念至少是片面的、肤浅的。具体而言，对于人本理念内涵在民族旅游经济发展的体现可以从为谁发展（方向明确）、发展什么（价值认同、目标明确）、谁来发展（主体明确）和怎么发展（手段明确）四个方面来把握。

第一，为谁发展至关重要，它决定了民族旅游经济发展的方向。正确的、理想的顺序，应该是居民、旅游者，然后才是企业，政府是不在其中的。发

展的初衷是带动民族旅游地居民脱贫致富、提高生活水平，进而获得经济、政治、社会和自然环境等更好的发展权利和机会，即人的全面发展，这是发展旅游经济最根本的出发点和落脚点。同时，民族旅游经济发展的目的也在于满足随着社会发展不断提高对精神文化生活方面不同"体验"的需求，旅游需求市场的日益扩大是社会发展文明程度的标志之一，作为旅游经济发展的原动力，旅游者的利益理应受到保护，但是满足旅游者的需求不是无止境的，它必须以不损害旅游地居民的利益为前提。企业是追求利益最大化的市场主体，其合法利益的保护是旅游经济运作的核心动力，但前提是不能危害原住民和旅游者的权益。

第二，发展什么？实际上是基于价值观判断的结果。常常有人对旅游扶贫地居民有一种居高临下的优势感，除了自上而下的行政权势外，潜意识里总是认为被扶贫地的民族文化意识和生活方式是落后的、是需要改变的、是破除的。马克思主义认为："每一个民族，无论其大小，都有它自己本质上的特点，都有只属于该民族而为其他民族所没有的特殊性，这些特点便是每个民族对世界文化共同宝贵的贡献，补充了它，丰富了它。在这个意义上，所有民族，无论大小，都处于同等的地位，每个民族都是和其他任何民族同样重要的。"这段话体现了对民族平等的基本认知，民族平等并非是抽象的原则，对民族旅游地文化的尊重是秉持民族平等原则的具体表现。换言之，旅游扶贫不是单纯地提高其经济收入水平，把认为是"好的、现代的"所谓价值观和生活方式灌输给他们，真正要做的是基于对民族文化深刻理解和尊重的前提下的民族平等式的帮助扶持，使其适应并获得市场经济条件下更多的经济权、政治权、社会发展权，自由地选择他们所"想要过的生活"而不是人们所认为的"好的、现代的"生活。

第三，谁来发展？民族旅游业中，居民不是被动的扶贫对象、既得利益的分享者。民族旅游的核心资源是民族文化，而民族文化不仅仅是民族生存自然环境和各种物质载体的机械展示，只有置于日常民族生产生活场景中的宗教仪式、歌舞、饮食、服饰、建筑才有了"灵魂"，才有了走进民族文化氛围"体验"民族文化的生动感受；民族旅游地的居民才是民族文化的创造者、传承者和体现者。当人们在强调政府的主导作用、企业的市场主体地位的同时，民族旅游地居民的核心旅游资源主体地位不容忽视，他们是真正的主人。所以，只有民族旅游地的参与，民族文化旅游才赋予了灵魂、拥有了无可替代的魅力和可持续发展的可能。

第四，怎么发展？除了政府公共产品（交通等基础设施）地提供、外来资金管理技术的引进，这些产业发展的一般性要求之外，能够体现人本理念发展的主要有：基于人力资本产权理论的民族村寨居民参与旅游的必要性研究；民族文化资本化模式和旅游收入分配的实证检验等。这些分别从产权理论支撑、具体实现模式和实证检验等几方面论述了民族旅游发展人本理念的具体实现的手段及其努力方向。

（二）制度设计：利益协调的多元参与机制

"行政主导"的旅游发展模式决定了政府在制度设计的过程中（至少在目前）起着主导性的作用。除了寄期望于宏观层面上中国行政体制的改革外，旅游管理体制上实行"所有权、经营权、管理权"的三权分立可以使得政府的公共利益导向更加明确，与经济利益的剥离也可以尽可能地减少寻租的机会和成本。对于人本理念在旅游经济发展中深刻内涵的澄清也有助于政府在政策制定和实施中减少对于公众利益的偏离，使得政府在制度设计的博弈考量中充分意识到民众的参与权、话语权。

独立、客观的第三方社会力量的培养，这是目前中国社会发展的大趋势。首先，它可以最大限度地发挥社会优质智力资源的潜能为社会所用；其次，它可以在社会舆论上和业务技术上与政府形成监督和互补的关系，纠正或弥补政府对于公众利益的偏离；最后，鉴于第三方的中立地位，它不受利益集团的制约，可以比较客观地反映广大民众（包括民族旅游地居民、旅游者和企业）的利益诉求和意见。

三、广西民族县域发展旅游经济的策略

（一）特色旅游经济的可持续性

各个民族县域的地理位置、气候、水土、自然资源各有不同，经济、社会、文化状况、生产力水平也不同，因而，每个民族县域经济都有不同的具体情况和特点。由于不同的县情使得各县具有不同的优势和劣势，因此，发展旅游产业时，既要学习其他成功案例的发展经验，又要立足于本身实际县情，抓住自身优势发展特色，增强旅游业的可持续性，延长其生命力。县域经济是以资源为依托的特色经济，县域产业发展的关键在于形成自己特色的产业以特色优势产业带动县域经济的发展。县域经济的发展，关键是要充分发挥比较优势，克服比较劣势，依托本地优势生产要素，参与市场交换和市场竞争。民族县域发展旅游经济，应将各地富于当地特色的区域经济与区域民族文化相结合，卓有成效地开发并提升旅游业的品位和档次。然而，在发展旅游业的过程中，较易出现没有看清形势，没有将潜在的优势转变成现实的发展优势，甚至是盲目模仿、照搬其他县域，造成一些地方的资源无法得到充分利用，或处于被忽视和闲置状态，或处于低效率利用中。

民族县域要发展特色旅游经济，首先必须全面掌握、正确评估该县各方面资源，制订切实、可行、客观、高效的发展规划。其次是民族县域旅游应抓住民族文化这一灵魂，挖掘特色的民族文化，并将其文化内涵植入旅游商品项目中。再者民族县域的旅游必须以当地实际县情为根本基础，开发利用各种资源的同时，争取打造富于真实性的旅游业，做到坚持特色的原真性。

（二）解决远离市场、交通不便的问题，提高可进入性

这些广西民族聚居的县城，大多位于较偏远的地区，基础设施建设不够完善，一些民族村寨甚至是远离县城中心，交通不方便。由此导致旅游市场影响力，游客进入不方便，一些旅游产品不能适应市场需求，满足不了大众旅游需求，使得仅局限于周边一些旅游群体中，很难辐射到外省更远的市场，旅游的经济带动作用不明显。由于交通不便造成的负面影响，使这些民族县域自身优势黯然失色，市场份额所占比重较低。为提高游客可进入性，政府应加强重视，加大基础设施建设力度，特别是利于旅游经济发展的地方，更是为旅游打通绿色通道。不仅修建完善各条通往景点的道路，而且要适度地增大公共交通的投入，以满足必要的客流量的需求。

（三）完善乡镇建设，以不断推进的城镇化服务旅游经济

旅游是关于经济、社会、环境协调发展的一个重要产业部门，同时，旅游也是一项关联度较高、带动性较强的龙头产业。发展旅游经济，一方面可以带动民族县域的交通运输、邮电通讯、对外贸易、城镇建设等行业的发展；另一方面也给城镇化建设提出更高要求。县域经济发展水平影响着民族地区旅游经济的发展水平，旅游业的发达与否，取决于区域经济发展水平的高低及城镇化建设的发达与否。若没有快速推进的城镇化进程，就不能提供与旅游经济发展相符的交通、住宿、通讯、物流、信息及其他各种服务。因此，要推动民族县域旅游经济的发展，就应发展壮大城镇，完善城镇功能，并辐射带动乡镇建设，构建完善的交通网络体系。同时，对于个别民族村寨旅游景点，也应实施项目升级，开发更多旅游项目，努力形成成熟的民族村寨旅游经济增长点。

总而言之，除个别县以外，目前大部分广西民族县域的旅游经济收入尚未对当地经济发展造成较大贡献，民族地区仍然主要以第一、二产业为主，传统的经济结构未改变。同时，大部分地区旅游规模小，普遍存在发展程度不高的劣势。然而，少数民族县域的旅游资源较其他地区对游客的吸引力要高，资源开发潜力大，对其给予合理科学的旅游规划，能够推动旅游收入的增加。值得注意的是，很多民族地区在旅游开发后，较多呈现出生态环境、民族文化遭到破坏、生命力脆弱的问题，这需要在发展旅游的同时，坚持经济、社会、环境的协调发展，确保旅游经济的可持续发展，这样才能使民族县域的旅游业道路走得更长更远。

第五节 广西民族特色旅游工艺品

一、广西民族特色旅游工艺品市场现状

（一）市场总体现状

新媒介的兴盛是一股势不可挡的发展浪潮，但是广西少数民族特色工艺

品设计市场要想乘风破浪创新发展路子，既要传承自身的特色，又要最大化地发展销售市场。这就需要明确分析自身"旧"与"新"的问题，传统优势与劣势的问题。

首先，广西有着北部湾的地理优势与中国东盟桥头堡的经济区域优势，随着中国广西北部湾经济区域的建立与深入发展，东盟自由贸易的带动，自由开放的合作机制与良好的市场环境，加上国家对于民族特色手工艺术的传承保护进行了大力有效的扶持。这些条件都促使并引导少数民族手工艺术大力发展。广西旅游也尝到了泛北部湾经济合作中国—东盟自贸区建成的甜头，多条跨国旅游线路的开辟使东盟国家每年到广西的游客大幅增加。据统计：与全国及旅游发达省份相比，广西旅游人均消费明显偏低，以国内游客为例，2012年广西每人次对应的旅游收入为759.92元，在全国31个省区市广西中居22位，分别比前三名的内蒙古、北京和天津各少1 075.63元、698.65元、626.16元。2012年，广西接待的入境游客平均停留天数仅1.86天，居全国28位；人均花费仅为365美元，居全国第25位。广西少数民族传统手工艺品发展环境是比较好的，有环境、有条件、有政策，为什么没有效益收效甚微呢？

目前，广西少数民族旅游工艺品生产模式主要是手工技艺传承人（大师工作室）；手工作坊零散来料加工；大工厂批量生产这三种生产形式。有过旅游经验的朋友都有印象，最直接的感受就是不论去到哪个少数民族特色地区，如云南大理、贵州镇远、阳朔西街等都是大量重复的旅游工艺品，实际旅游市场上的少数民族旅游工艺品都大同小异，品种单一质量不高。这些是大工厂批量生产的产品，生产线流水作业产量大，但是材料廉价，人工素质要求低，创新能力弱。因为成本低，在实体经济中抢占市场，但随着旅游者的消费观念改变与审美提高，这些"烂大街"的所谓特色旅游工艺品已经无法提起消费者的兴趣，更无法带动少数民族特色手工艺的发展与传播。令人尴尬的是，手工艺传承人与手工作坊这两种生产形式大都是家庭或家族式小企业，优势在于核心技术强，原料纯手工制作，有小型机械辅助，传统文化与模式传承较完整，品质要求高并且具有很强的特色与创新能力。但是因为是小群体少人工，因此产量较低。经营模式主要是"刷脸"，销售多是口口相传、熟人模式。广西特色旅游工艺品市场在"新"的媒介帮助下"跳出来""走下去"。

（二）三江侗族旅游工艺品的现状

1. 民族特色工艺品独具魅力

三江侗族旅游区常见旅游工艺品类型有挂件、侗银、纺织品、摆件等。

（1）挂件与侗银

挂件有彩粽吉祥花、风铃等，侗族的彩粽与其他地区的彩粽区别是在彩粽的几个凸出的尖角处点缀了鸡的绒毛，取谐音"吉"，象征着吉祥如意。彩粽吉祥花可制作不同大小，小的可挂在身上，大的可用在重要的上梁仪式上。在给鼓楼或风雨桥上大梁时，就有将硕大的彩粽吉祥花，高高地挂在屋顶大梁中间的习俗，以示吉祥。侗族银饰简称侗银，是以含银量50%左右的一种银金属制成，具有独特的魅力。不仅侗族妇女在盛大节庆时喜欢佩戴，而且也喜欢给婴孩的罗汉帽上点缀银饰。侗族银匠根据本民族传统习惯、审美情趣制作银饰造型，注重细节刻画，推陈出新。如今，侗银不仅有利于景泰蓝工艺与侗银结合的形式，也有镶嵌刺绣的形式。

（2）纺织品与摆件

纺织工艺品有织锦、刺绣、棉麻服装、背包等，既有现代机织的，也有传统纯手工制作的织锦和刺绣产品，例如，纯手工制作的被面、娃仔背带、肚兜、绣片、刺绣服饰等，图案丰富、做工精美，其中有些已经年代久远。摆件类制作材料有竹、木等，例如，侗族的典型木构建筑风雨桥和鼓楼微缩模型，造型奇特、结构周密，具有较高的收藏价值和研究价值，但由于体积较大，一般游客不便携带；竹编的茶叶篓、蝈蝈笼、鱼篓等造型美观、小巧玲珑，携带方便。

2. 旅游工艺品设计开发存在不足

（1）缺少设计理念和时尚感

目前三江侗族旅游工艺品在品种、造型、风格上都大同小异，式样陈旧。

以著名的程阳景区为例，这里有很多类似全国统一批发的工艺品。即便近年市场上出现的侗族元素的皮包、手袋等，也只是将织锦或刺绣图案简单拼凑，虽有着与侗族文化相似的相貌，却缺少其灵魂。另外，这些产品的设计由于缺少现代时尚感，也难以激发消费者购买欲，乏人问津。

（2）市场发展滞后，欠缺品牌意识

三江侗族的旅游工艺品市场发展较为迟缓，并未形成一定的规模。织锦和刺绣作为当地的民族文化精粹，大部分产品是小型作坊模式产生的，缺乏龙头企业。生产者多为村寨妇女，创作方法、理念相对陈旧，未能满足现代旅游者不同层次的购物需要。同时，由于很多工艺品是纯手工制作，其工艺烦琐、耗时费工，生产效益低。另外，整体来看，三江侗族特色旅游工艺品的生产开发需要加强品牌意识。作为珍贵的非物质文化遗产的侗族织锦、刺绣等，需要专业人士指导，开创成为线上线下均能推广销售的品牌。

（三）广西民族传统图案在地方性旅游工艺品设计中的应用现状

1. 对广西民族传统图案的应用停留在简单的直接应用层面

纵观广西旅游市场上的地方性旅游工艺品，大多数对民族传统图案的应用仅仅停留在简单的直接应用层面上，或者将民族传统图案中的纹样简单添加到旅游工艺品的设计中，或者将民族传统图案原封不动地照搬到工艺品外包装上，未能将民族传统图案与旅游工艺品的设计融为一体，形式与内容分离。这样的设计模式，可以称之为复归与照搬。这种设计模式，有时候非但不能让旅游工艺品更好地传承民族文化，体现民族特色，反而会因为设计的不伦不类而降低民族文化的魅力。例如，当前广西旅游工艺品市场上的画扇、服饰等产品，有的夹杂多种民族传统图案，却并没有考虑这些图案之间的关联与融合，仅仅是简单地铺陈开来，不能将民族特色体现出来。"当然，就某些设计领域而言，对于民族图案的传承和文化蕴意的传播，复归与照搬也是有必要的，比如，能代表某些区域文化或展现浓郁民族风情的旅游产品设计。尽管如此，把多个不同气质和用途的图形图案简单地搬弄在一起仍是不正确的方法，不能达到最初的设计意向。"可见，在地方性旅游工艺品设计中对民族传统图案进行复归是最简单的设计方法之一，但它并不适合所有品类的旅游工艺品设计中。

2. 在应用过程中对广西民族传统图案内涵的理解存在偏差

只有在了解和正确理解民族传统图案语义及内涵的基础上，将其应用在地方性旅游工艺品的设计中，才是对民族传统文化的传承，否则便成了对民族文化的误传、误解，不利于传统文化的传播。然而，民族传统图案中复杂的语义，随着历史背景的转化，在不同阶段呈现出不同的内涵，这为其在旅游工艺品设计中的应用增加了难度。在广西民族传统图案的传承与发展过程中，大量具有原生性的图形符号与纹样已经失去了本源的含义，而被赋予新的解释。究其原因，既有历史发展的正常演变，也有商业化驱动下的故意曲解。例如，一些原来具有祭祀等神秘色彩的图案纹样已经转化为一种吉祥符号与装饰手段，成为心愿表达的媒介，而一些本来具有吉祥寓意的民族传统图案，因为商业的原因转变成了商业化的意象。设计师对广西民族传统图案纹样的内涵理解存在偏差，在地方性旅游工艺品设计中就不能正确使用图案纹样，反而造成图案滥用，不利于民族传统文化的传承。

二、区域产业化对民族旅游工艺品的影响

（一）手工生产向机械化生产发展

民族旅游工艺品早期是由手工艺人在慢工出细活的手工雕琢中制造出来的，后期大型机器取代了传统手工操作，产品在机械的轰鸣声中生产出来。机械化的生产着实改变了传统工艺品的生产方式。广西壮族织锦是在传统和现代中共生存，既保留了传统手工工艺操作，也发展现代机械工艺生产。一方面，传统手工工艺操作可以保留壮锦古朴、粗犷的艺术风格；另一方面，机械工艺生产满足市场对壮锦量的需求，壮锦的艺术风格较为艳丽和时尚。随着时代的进步，机械化生产的民族旅游工艺品将占领主要市场。

（二）工艺品生产数量的提高

区域产业化生产有效提高厂民族旅游工艺品的数量。按照织锦 0.5 米 ×1 米的成品计算，传统手工工艺单人操作需要 3~4 天完成，机械工艺单台生产只需要 2~3 个小时或半天就能完成。一天工作 8 小时计算，机械工艺生产的产品数量远远超出传统手工工艺操作的数量。随着产业化的发展，广西工艺美术研究所织锦工艺厂可以用织布机器生产壮锦布料，单台机器生产布匹的宽幅可在 3 米之内，成卷的布匹超越手工操作数量，有效满足了消费者的工程和数量需求。

（三）民族旅游工艺品流水线生产，人工成本和产品价格降低

区域产业化的发展必然导致产品的成批量生产形成流水线作业。机器代替手工操作，其生产周期短，在生产环节中就可以减少劳动力，大大降低了生产的成本，减少了劳动力报酬。由于生产环节节约了劳动成本，工艺品的价格在销售环节中同样得到了降低。以机器生产的广西壮族织锦为例，2 米 ×1 米的壮锦零售价是手工编织的 0.5 米 ×1 米壮锦售价的 1/2。对于手工生产的制造商来说，机器代替手工，再者由于资金和场地的限制，又不能短时间内引进大型织布机，给传统手工艺制造商带来了不小冲击。

（四）民族旅游工艺品的转型和摸索

面对民族旅游工艺品的区域产业化发展，广西壮族织锦产业面临着转型，并在新的环境中不断摸索成长。产业化特色民族旅游工艺品，寻求改造传统民族旅游工艺品的现代化模式，是刻不容缓的责任。

三、广西少数民族新媒介创新设想

（一）借助新媒介"跳出来"

历史上每一次信息传播媒介的进步都给消费市场带来一片新的天空。毫无疑问，互联网带来的"互动性"这一媒介形态变化是消费市场实现跳跃式发展的一个重要契机。对新一代的消费者而言，鼠标已然成为他们的"代步

工具"，小到油盐酱醋，大到几十万的奢侈品。经过几年的网络发展，互联网的发展主线已经清晰勾勒，网购用户近年来保持快速增长。"互动"这一互联网的核心本质已经能够非常深入地发现每个用户的潜能，把那些在传统媒介里"沉默的大多数"鲜活地呈现在了互联网上，而且是"一个个、分别"地呈现在了互联网上。"人"这个最能动的媒体参与者也终于在互联网中第一次改变了被动接受的角色，出现了主动的、外显的特征。消费者的消费观念发生了重大改变，"人"成为商业最重要的维度，互联网在中国的普及使中国消费者日益渴求个性化，互联网发展的初期阶段，营销前所未有地实现了寻找、发现精准客户的可能，"小众化"就成为其当下追求个性的表现方式。这是在大众化与个性化之间的过渡期：拥有个性，不随大流，但又希望找到同道中人，获得归属感。广西少数民族旅游工艺品设计从上面的分析中不难发现，广西少数民族特色旅游工艺品传统作坊经营模式实体消费群与"小众化"类似，产品设计开发精良有创新型的个性定制，符合小众消费需求。不同点在于传播或销售的媒介不同，传统熟人相传效率低，发展受到很大局限。新媒介则是一个完全广阔开放的机会海洋，而在这个机会海洋里能"跳出来"的一定是"个性"与"创新"。

（二）运用新媒介"走下去"

1. 微信公众号

微信公众号是现今时下主流的线上线下网络媒介互动营销与信息传播方式，各个部门、各种行业广泛使用，其互动形式也是多种多样，十分灵活。虽然这几年通过国家扶植，广西少数民族特色旅游发展活跃，但广西少数民族的地域与文化的局限性，还是有许多人不了解，没接触过广西少数民族，没了解过本土特色的艺术形式。而互联网正是突破这个局限的口子，借助微信公众号这个灵活开放的平台，把广西少数民族特色旅游推广出去，如少数民族特色节日活动、习俗风俗等。一方面是民族特色文化的传播与宣传，让人们通过日常手机的使用对少数民族特色人文文化的了解。另一方面在微信公众平台互动过程中，可以发出各时段的节日与参与性活动的邀请。例如：

广西少数民族手工艺探秘，邀请公众号关注者参加旅游工艺品制作过程，没有现场参加的可看视频直播共同参与。这样不仅吸引对广西少数民族旅游有兴趣的朋友，还可以提高特色旅游工艺品的销售，并且至此公众平台上预定个性特色手工艺礼品等服务。

2. 手机互动游戏

手机游戏也是现在年轻人群体里非常受欢迎的休闲娱乐形式。而这里对于广西少数民族特色旅游工艺品开发的意义，不仅仅是休闲娱乐的功能。如果可以将广西少数民族特色的手工技艺如：竹编、织锦、刺绣、扎染等，设计一款简单轻松的模拟工匠型的休闲手游。通过与年轻群体互动，运用习得型游戏体验传统手工艺的制作，从而对传统少数民族特色手工艺产生兴趣。一方面这种形式符合年轻人，也就是潜在消费群体的体验习惯，更容易被接受，游戏还可依据玩家的喜好个性，做产品装饰上的自由组合设计，所设计出来的个性工艺品可发图由游戏链接定制厂家制作实物。另一方面虽是游戏，但可以潜移默化地让小众的少数民族特色工艺得到了解与传承，更是让新一代的年轻群体学习、感受广西传统少数民族特色文化的有趣新形式。

四、民族旅游工艺品发展策略分析

在当前社会经济不断快速发展的形势下，人们的出行要求越来越高，人们的生活水平和质量越来越高，对于精神文化的追求就越来越广泛，特别是对于一些传统文化，现代人更是非常喜爱。从当前社会环境的因素来进行分析可以看出，广西河池少数民族的开发仍然集中在少数民族文化本身，但是却没有考虑到一些通用性的理念和服务想法。在实践当中，如何在保留原本文化的基础上，与一些现代化市场因素进行有效结合，是当前民族旅游工艺品发展过程中需要着重思考的问题。

（一）创意产业融合的民族工艺品开发，需要全新的营销理念

在旅游行业不断大力发展的形势下，特别是一些少数民族地区，旅游资源的开发能够为其自身的经济发展起到良好的推动性作用，与此同时，也会

将少数民族自身的文化逐渐地传承下去。在创意产业的融合民族工艺产品开发的过程中，要与现代化经营理念进行有效结合，对现代化市场进行不断的深入研究和仔细调研。不能够按照传统的模式坐在机器旁边来等待顾客自己"送上门"，而是要主动，根据游客的实际情况，包括年龄、阶层、用途等，设计出符合各类人群的手工艺品。

（二）创意产业民族工艺品开发，应当坚持发展技术

创意产业民族工艺品在实际开发过程中，应当坚持发展技术，通过高校、企业以及业主之间的相互合作，将一些先进的生产技术融入手工艺品的生产和发展当中。在实际操作过程中，要与现代人的生活模式进行有效结合，设计出与现代人生活原则相符合的手工艺品，这样不仅能够吸引现代人的购买欲望，而且能够将少数民族自身的特色文化逐渐地传递出去。这样一来，在保证能够改进生产效率的基础上，能够满足不同游客的需求。产品的设计以及开发，首先要满足当地居民的整体使用需求，其次要满足不同地区、不同国籍游客的需求，之后在不断的实践当中，逐渐累积经验，对民族手工艺品进行不断的改良和优化。在保证手工工艺品能够切实有效地体现出民族特色的基础，且具有一定的实用性，提高其自身在市场当中的竞争力。比如相关学者对于艺术作品"西湖"，利用了最新数码印彩印技术对传统手工艺品——刺绣进行了重新地制作和展现，促使作品在展示过程中，不仅能够将西湖传统文化的精髓切实有效的地展示出来，而且还能够与现代化技术进行有效结合，获得了大众的一致好评和认可。

第四章　广西民族特色饮食与旅游现状

第一节　广西民族特色饮食的现状

一、生态环境对饮食文化的影响

俗话说："民以食为天"，食是人类生存的头等大事，是人类维持生存的决定性条件，在很大程度上取决于人类栖息地的生态环境。而饮食习俗就体现着人类对自然环境中的食物资源的充分调动。由于人类群体的地理分布不同，所能获得的食物资源种类和数量也有不同，为了调节食物资源的质量，使之与人体需要保持协调，不同的人类群体立足于各自的生存环境，建构了各具特色的饮食习俗。

人类的饮食资源主要依赖于地球生态环境所提供的动植物，能够被人类所利用，尤其是可充作人类食物的动植物资源非常丰富。然而，生活在世界上不同地域的人类群体，在日常饮食资源于种类的选择方面，却不能海阔天空、随心所欲。若以整个地球生态系统中，可供人类食用的资源来看，世界上任何区域的人类群体，从来都是在很有限的食物选择中生存的。换言之，所有的人类群体都是以很有限的一部分资源作为日常的主要食物的。并且，世居此地的人类群体只能沿袭这种方式食物资源的选择，很难有其他的余地。

生态区位对食物资源与种类的控限与制约，乃是形成饮食习俗特征的生态性动因。生态区位对食物资源与种类的控限作用，主要体现在区位内的各种环境因子对动植物的生长的制约与影响。此中，温度对动植物的影响最为显著，不仅影响这些生物的生长发育、数量和种群分布，也制约着这些生物种群的新陈代谢和其他理化性质。地理区位与气候条件严格限定了每一区域生境内的物种的种类、数量与分布状况，也严格限定了栖息于不同生态区位环境的人类群体，在食物资源与种类方面的选择，由此才形成了不同的饮食习俗惯制。

自古以来，不但中国社会经济的发展很不平衡，而且文化的发展也很不平衡，而经济的发展、文化的形成，又都受生态环境所制约，生态环境通过物质生产及技术系统等形式，深刻而长久地影响着人们的生活。从一定意义上来说，生态环境是人类文化创造的自然基础。

考古与现代农业科学资料表明，原始农业的出现，粮食作物的品种选择与开始种植时期，在世界不同地区之所以有先后异同之别，乃是与地理环境的特性有关，特别是在古代中国，由于受到各地区之间不同自然条件的强烈影响，加之生产力水平低下，各地区的生产门类、饮食生活就有较大的区别，物质文化面貌各具特色，逐渐形成了不同的饮食文化区域。在我国主要就是以黄河流域的中原地区为中心的旱地农业经济文化区，它以首先培育出优良的小米著称；以长江中下游地区为中心的稻作经济文化区，它以培育世界上最早的稻米闻名。可见，一个地区饮食文化类型的形成，是由该地区的地理环境、人民所从事的物质生产、所处的生产方式等多种因素决定的。

总之，饮食习俗反映的是我国不同的地理区域间的饮食特色。形成各区域间不同的饮食习俗及口味特色的原因很多，如气候条件、生产方式、食物资源、食物加工、储存方式等，都是相关的因素。此外，民族的文化传统以及社会层面的各种因素，也对饮食习俗的生成与演变具有不容低估的作用与影响。但在这诸多因素中，气候、湿度、温度等自然条件对饮食习俗的影响是潜在的、本源性的。

二、广西饮食文化资源旅游开发现状分析——以仫佬族为例

（一）旅游文化资源开发整体水平低

在"食、住、行、游、购、娱"旅游六要素中，饮食排在首位，饮食文化资源的开发对推动旅游业的发展具有重要的作用。但目前仫佬族饮食文化资源只作为旅游活动的补充，没有将其作为重要的旅游产品加以开发。罗城仫佬族自治县政府、旅行社在发展旅游时，重点宣传的是历史文化资源、自

然风光，如依饭节、于成龙廉政文化等，历史文化资源以及水上相思林、崖宜风光、怀群镇天门山景观光等自然风光，饮食文化旅游仅作为旅游活动的补充。而且没有充分挖掘仫佬族饮食的文化内涵，传统饮食文化资源的开发与仫佬族其他的民俗文化未能很好地整合，没能充分利用其他民俗文化来带动饮食产业的开发和发展。

（二）品尝为主，参与性、体验性不足

目前，仫佬族已经开发的饮食旅游产品以品尝为主，呈现在旅游者眼前的都是已经加工好了的食物成品，没有开发出让游客参与和体验的饮食旅游项目。如"抢糕粑"是伙佬族的一项重要的节俗活动，节日期间三人组成一"冬"（组），共三"冬"人轮番用长筷子去抢放在瓦缸里的三角粽，三个人只能共用三只脚着地，靠手拉手、脚扣脚在蹦跳中保持平衡去抢粽子，抢得粽粑最多的一"冬"为胜者。三角粽是仫佬族依饭节的吉祥物，仫佬族人认为抢得多的"福"就越多。类似于抢糕粑，还有斗糕粑、舂糕粑等都是很好的饮食参与体验式项目，但在仫佬族地区还没有开发出来供游客体验。

（三）旅游文化宣传力度有待加强

仫佬族饮食文化资源丰富多彩，特色鲜明，但目前罗城县对外的旅游宣传中，多以自然风光和依饭节等民族传统节庆为主，对仫佬族饮食文化资源的宣传力度不够，在去罗城考查的路上没有发现相关的文字宣传介绍仫佬族饮食，也没有系统介绍低佬族饮食的专题网站和相关书籍，去旅游景点和饭店考查也少见张贴有关仫佬族饮食文化的宣传资料，在仫佬族最隆重的依饭节节日期间也没有对低佬族传统饮食文化资源进行重点宣传。俗话说"酒香也怕巷子深"，好的东西如果不加以宣传，其知名度也会下降，尤其对于处在大山深处的仫佬族饮食旅游资源，如果宣传力度不够，很多游客是难以知晓的。

三、广西壮族传统饮食文化外宣翻译现状分析

广西是多民族聚居的自治区，悠久的历史形成了广西独具特色的民族文

化。随着中国—东盟自由贸易区的建立以及各类大型展会和国际赛事的举办，亲临广西的国内外游客也越来越多，人们对广西丰富的少数民族文化的兴趣日渐浓厚。为了更好地向世界宣传和介绍广西独特的人文和地理文化，各级宣传机构和旅游部门制作了大量的旅游宣传册和文化宣传片，外宣资料的数量和种类也越来越多。本文所探讨的外宣翻译，主要是指政府各级部门、企事业单位或旅游景点将各种对外宣传材料译成英文，通过纸质媒体对外传播的翻译形式。

饮食文化是民俗文化的重要组成部分，在向世界介绍壮族民俗文化的过程中，不可避免地要将饮食文化进行译介，饮食文化的外宣翻译质量格外重要。通过调查，研究者发现广西壮族特色饮食文化在外宣翻译中存在一些亟待解决的问题：第一，生硬的翻译，文化错位和文化缺位处理不当。壮族民俗文化外宣翻译目前仍处于"间接翻译"的阶段，能够熟练掌握壮、汉、英三种语言的翻译人才缺乏，因此，英译本基本属于经历了"壮语—汉语—英语"的二度翻译，在外宣翻译过程中，不可避免地存在文化误译。第二，语言性错误多，反映了译者的基础知识不扎实和专业素养不高的问题。此外，由于在不同时期、不同的译者，根据不同的翻译原则和理解进行翻译，一物多名或多物一名的现象长期存在，如壮族特有的民族食物"酸肉"就有"tart meat" "sour meat" "pickled pork"和"pickle pork"等多种译法。第三，许多应该有英文版本或译文的外宣资料存在译文缺失的情况。众所周知，外宣翻译的质量直接影响文化的对外传播效果，译本缺失必将影响少数民族传统文化的推广和传播。第四，目前民族地区的外宣翻译主要依靠政府外事部门、翻译公司和当地高等院校。对外宣传媒介和翻译机构缺乏正确的引导，外宣材料也没有严格的审核机制，许多素材的翻译具有很强的随意性。

由此可见，广西壮族饮食文化的外宣翻译目前仍存在很多问题，这其中既有理论层面的问题，也有现实层面的问题。笔者将从对外宣传翻译的特点和原则出发，结合翻译理论中的目的论，探讨广西壮族传统饮食文化的外宣翻译策略。

第二节 广西民族特色旅游的现状

一、广西入境旅游的发展现状

（一）优势与机遇并存

广西位于祖国的南疆，背靠两亿多人口的大西南，面向五亿三千多万人口的东盟10国，相邻的粤港澳是重要的国内旅游和出境旅游的客源地，而隔海相望的海南省是我国唯一的热带海岛海滨旅游度假胜地，毗连的云南和贵州是旅游资源丰富，民族风情浓郁的旅游大省。加上广西又是我国的第三大侨乡，有300多万人居住在港澳台和世界各地。广西处于西南旅游圈和东南亚旅游圈对接的独特位置，区位优势明显，客源流巨大。

广西地处热带和亚热带气候，四季如春，风光绮丽。据不完全统计，广西全区有较丰富的旅游资源，700多个大小景点分布于70多个县市。以喀斯特地貌景观为主体，奇观胜景遍布八桂大地。广西旅游资源的等级和品位高，有些旅游资源在全国，甚至世界范围内具有代表性和垄断性。如世界驰名的桂林风光；素有"北有长城，南有灵渠"之美誉；北海银滩滩平、浪柔、沙洁、水蓝、无鲨鱼；中越边境的亚洲最大的德天跨国大瀑布；百色乐业大石围天坑溶洞群险峻壮观、神秘莫测；壮、瑶、苗、侗等各少数民族风情多彩多姿、令人陶醉，数不胜数。

丰富的旅游资源为进一步发展广西入境旅游提供了坚实基础，优越的区位优势为广西经济发展创造了宽松的政策环境。广西应充分利用中央开发大西南的战略政策和对西部地区旅游资源开发，采取增加资金投入及沿海城市开放政策；精心打造最具地方特色和民族特色的旅游品牌；以中国—东盟博览会落户广西为契机，大力发展广西入境旅游。

（二）存在的问题及挑战

首先，广西入境旅游企业发展呈小、散、弱、差。2003年广西的国际旅行社只有50个，其中南宁16个，桂林18个，北海7个，柳州4个，梧州2个，玉林、防城港、崇左各1个，其他县市为零。其次，广西旅游资源开发力度不够，已开发的旅游产品尚欠火候。由于资金不到位或对资源重要性认识不够等原因，一些价值大的旅游资源没有被开发或开发不到位。民族饮食、服饰还有很大的挖掘空间。素有"歌海"之称的广西，现在仍有遍布各地的歌圩尚未有效开发。亚洲第一大跨国瀑布，德天瀑布已成为广西的一张招牌，但大多数旅客在该景区只能欣赏到秀美的风光，却无法充分体验当地的民族文化的奇异，德天度假山庄的建筑风格，缺乏本地民族风格，与周围居民环境不相协调。广西乐业的天坑群，游客非常希望能看到天坑底部的世界，但是现有的开发只能让游人在上面俯瞰，游客的需求不能得到很好地满足。再次，不能很好地利用网络资源推销旅游产品。网站是网络时代一个行业宣传的窗口、标志，但目前情况看来，广西入境旅游企业现有网上旅游资料不够丰富，对外国消费者自然就缺少了应有的吸引力。最后，广西入境旅游在借助于周边旅游大省吸引外来游客的同时，也面临着严峻的挑战。邻近的广东、海南、云南、湖南、贵州省都是旅游强省旅游大省，在广西旅游业尚未成熟的情况下，有可能会发生"抢客"现象。这就要求广西旅游业要加强发展力度，创建特色景点吸引游客。

二、广西旅游交通设施的建设现状

（一）公路交通设施

截至2015年底，广西高速公路通车里程在国内排名第17位，环比增加了15.23%。在陆路交通方面，南宁—友谊关、防城—东兴这两个出边通道已建成通车；靖西—龙邦高速公路正在抓紧建设，预计2017年建成通车；崇左—水口高速公路计划今年年底开工建设。随着这些高速公路陆续投入运营，极大地节约了旅游者的旅途行程时间，为广大游客提供了更大的便利。在此基础上，桂三高速公路即将于2016年通车。桂三高速公路是广西区"七纵六横八支线"高速公路网的重要组成部分，这条高速公路网的构建有利于完善广西主干架公路网的布局,便于连接我国东西部交通。同时,有利于促进西部地区与珠江三角洲、粤港澳及东盟的联系,并且带动了沿线地区旅游、贸易、物流等产业的发展,对实施国家西部大开发战略具有重要意义。

(二)水路交通设施

2015年广西全区水运和公路交通基础设施建设的投资额为700.45亿元,单单水运基础设施建设的投资额就达到了95.09亿元,占全区比例为13.58%。其中,内河项目投资了32.08亿元,沿海项目投资了58.01亿元,其他水运设施投资了5亿元。在海洋基础设施建设方面也取得了很大进展。目前,北部湾港口已与世界80多个国家地区的221个港口通航;随着中国—东盟港口城市基地建设的推进,钦州港已开通直航东盟的外贸集装箱定期班轮航线,即"中国—钦州港—韩国—印尼—泰国—越南"航线。以上表明广西加强了水运交通基础设施建设,充分发挥广西南方城市的水运交通优势,促进了全区陆路、水路交通的全面发展。

(三)铁路交通设施

广西在2016年将进一步推进铁路交通建设。广西将在2016年完成广西百色—云南昆明段的铁路建设,力争实现玉林通动车,并且要全面开建合浦—湛江、黎湛铁路线路的扩建。同时,在"十三五"规划开局之年,广西将继续推进北上第二通道的建设,即开辟新的线路,方便南宁以外尽可能多的城市北上。广西北上第二通道的第三条线路,即南宁—横县—玉林—岑溪—梧州—贺州—永州路线的建立,解决了玉林通高铁的问题,防止了玉林被高铁边缘化,有利于实现广西各地市共同发展,增进了区域民族团结;其次,该线路也为以后南宁—深圳、南宁—广州高铁建设打下了基础,大大减短了南宁—广州、南宁—深圳的旅途时间,从而也缩短了广州—昆明的旅途时间,增强了南宁的交通枢纽作用,使得大半个广西都受益。这样不仅有利于解决北部湾城市快速北上的问题,还能够把北部湾城市群、西江经济带、珠三角经济区沿岸的核心城市连接起来,充分发挥其双核驱动作用,有利于广西经济跃上新台阶,带动旅游等各项产业的发展。

（四）航空交通设施

航空方面，2015年，南宁机场共引进19家国内外航空公司，开通了出入境航线共37条，每周航班约100班，日均14-15班。其中，广西不断优化至东盟航线网络，广西至东盟的通航点有曼谷、清迈、芭堤雅、新加坡、吉隆坡等20个，截至今年8月已经实现除文莱外，东盟国家航线全覆盖，共引入东盟航线27条。2015年，南宁机场共完成出入境航班运输起降10159架次，同比分别增长19.4%，出入境航班旅客吞吐量占机场旅客吞吐总量的8.7%。其中，东盟航班旅客吞吐量58.1万人次，同比增长50.5%。广西2015年的出、入境航空交通指标均创历史新高，超额完成了全年的运输任务。2016年，广西将以建设面向东南亚国家联盟，连接"一带一路"沿线周边国家为新的战略发展目标，努力打造其航空交通枢纽的中心地位。近些年，广西努力实现各城市至东盟国家航线的全覆盖，力争将广西打造成西南区域"第一窗口、第一形象"。

三、广西旅游业行业管理现状

（一）旅游市场管理

旅游市场的建设在旅游业发展中处于至关重要的地位。一个统一、开放、竞争、有序的市场体系，既为旅游企业进行经营管理活动创造良好的外部环境，又为旅游者进行旅游活动营造良好的消费环境，从而使旅游经济正常运行。政府对旅游业的管理职能之一是通过制定市场规则、维护市场秩序等行政手段来建立公平竞争的市场。为此，广西各地市的旅游主管部门与公安、工商、物价等有关部门密切配合，对国内旅游市场、边境旅游市场和出境旅游市场定期开展执法检查，严厉查处旅行社超范围经营、无证经营旅游业务的单位和个人的"野马"拉客行为、旅游购物高额回扣与质价不符、文化娱乐市场欺诈"宰客"等违法行为，维护了旅游市场的正常秩序。另外，对边境旅游实行了"四统一"的措施，即统一办证、统一价格、统一调度、统一管理，整顿了边境旅游市场，维护了旅游者的合法权益。

（二）旅行社行业管理

每年广西壮族自治区旅游局在各地市旅游管理部门的配合下，对全区国际、国内旅行社进行业务年检。年检的内容主要是考核、评估旅行社各项经济指标完成情况，全面检查旅行社在旅游经营活动中执行行业政策法规的情况。通过年检，旅游管理部门对经营管理不善、经营业绩差、违法违规的旅行社给予相应的处罚，同时表彰遵纪守法、内部管理完善、经营业绩突出的旅行社。此外，针对一些旅行社在刊登旅游广告中存在的内容虚假、名不符实、恶意竞争的现象以及为制止虚假广告、规范旅行社的广告行为，广西壮族自治区旅游局下发了《关于进一步规范广西旅行社广告管理工作的通知》，对旅行社的广告行为提出了严格的具体要求，并及时贯彻到各地市，有效地制止了旅行社的虚假广告，保护了旅游者的合法权益。

同时为规范旅行社设立营业部的行为，广西壮族自治区旅游局还下发了《广西壮族自治区旅行社营业门市部管理暂行规定》，制止了一些旅行社未经过批准擅自设立门市部的行为。

（三）饭店行业管理

根据国家旅游局关于饭店行业管理要"服务标准化、经营规范化、管理专业化"的要求，广西壮族自治区旅游局每年坚持实行星级饭店复核制度，组织全区星级检查员分别对原有的星级饭店进行重新评定打分，对设施设备或服务项目缺项、饭店更新改造不及时造成饭店设施陈旧、破损严重的饭店分别给予通报批评、限期整改、警告、取消星级资格等不同形式的处罚，维护了星级饭店的声誉。

四、广西发展乡村旅游现状分析

广西乡村旅游兴起于20世纪80年代初，属全国较早兴起乡村旅游的省区之一。在桂林旅游国际化发展的带动下，由外国散客及背包客的推动，在浏览漓江返程中转地的阳朔，广西乡村旅游悄然兴起。20世纪80年代中后期，随着国家鼓励农民发展多种经营政策的出台，桂林市将旅游与扶贫相结合，逐步在漓江沿岸以及龙脊梯田等，著名景点景区着手发展以"农家乐"为核心的乡村旅游产业，阳朔高田乡枷村和龙胜龙脊和平乡就是这一时期乡村旅游发展的典范。20世纪90年代中期，全区各地纷纷开展了以"农家乐"、民族村寨观光游为主要旅游形式的乡村旅游，乡村旅游逐步在全区铺开。2004年以后，广西乡村旅游得到了较全面的发展和提升，发展规模和涵盖范围明显扩大，并成为广西旅游业的一大特色和亮点。广西区党委、政府高度重视乡村旅游业的发展，把发展乡村旅游纳入自治区政府工作报告之中。各级党委、政府对乡村旅游发展高度关注，有效地将休闲农业与乡村旅游发展促进农业发展相结合，成为增加农民收入、逐步解决"三农"问题的有效途径。

2006年，广西区旅游局和农业厅联合下发了《关于加快发展广西乡村旅游的意见》，明确了广西各级旅游部门和农业部门将拿出专项资金对乡村旅游进行专项扶持，把旅游工作与社会主义新农村建设更紧密结合起来，推进广西乡村旅游项目的开发建设。得益于领导重视，部门携手，措施到位，广西乡村旅游项目的开发建设促进了传统农业向旅游农业、传统农民向旅游从业者、传统居住型乡村向旅游接待型社会主义新农村的转变。

截至2010年底，广西乡村旅游产业规模初步形成，累计建立各类休闲农业园288个，农家乐旅游点1 000多个，其中国家级农业旅游示范点34个，创建的国家级农业旅游示范点数量在全国排第9位，在西部省区排第2位，直接从事农家乐的农户近10万人，分布在全区14个市80多个县（市、区），年接待旅游人数约3 500万人，旅游收入约70亿元，农民从中增收近3亿元，旅游点农民人均年增收500元以上。自治区旅游局还与农业厅、建设厅和林业厅等部门合作打造了15条农业生态旅游精品线路，培育了一批特色旅游名镇名村。

目前正在积极建设的南宁－百色高速公路沿线和右江河谷沿线城乡风貌改造的乡村旅游村屯示范工作也初显成效，以农促旅、以旅强农、农旅结合、城乡互动的旅游格局正在八桂大地形成。

五、广西旅游市场需求现状分析

（一）广西旅旅游者源市场的社会人口学特征分析

1. 旅游者性别结构

从旅游者的抽样调查情况看，男性和女性旅游者的比例相差不大，男性占52.7%，女性占47.3%，男性的比例略高于女性。

在国内旅游市场中以观光游览为主，其中男女旅游者的性别比例差异通常维持在3%~4%之间；而在度假者中男性较多。抽样调查的结果从一个侧面提示出，到广西旅游的旅游者中，仍然以观光旅游为主，度假旅游的市场还没有挖掘出来。

2. 旅游者年龄结构

从旅游者的年龄结构看，到广西旅游的旅游者以中青年为主体，25~44岁占到50.6%，这一情况提示出广西旅游区存在较大的度假市场潜力。从国际旅游度假区市场发展一般规律上看，中青年度假者是旅游市场消费的主体，他们不仅经济收入较高，而且出游的欲望也较强烈，在诸多的观光旅游者中，孕育着不少度假旅游市场。

3. 旅游者收入层次

抽样调查结果显示，月收入在1 000~3 000元之间的中等收入人群是客源市场的主体，约占61.7%；月收入3 000元以上的旅游者为次要客源市场。因此，在进行旅游产品开发和定价时，应充分考虑到这一市场特征，以中低档旅游产品价格面向主体市场，度假型产品也应以中档价格为主，这样才有可能争取最大的市场份额。

（二）旅游者旅游消费结构分析

1. 参团旅游者

从参团旅游者的消费结构来看，旅游支出主要集中在团费，占近80%，而购物和其他支出仍有很大的发展空间。

2. 非参团旅游者

非参团旅游者，即散客，消费主要集中在传统的行、住、吃方面，自由购物支出低于参团旅游者的购物支出,景区游览的选择自由度高,且散客景区票价一般高于参团旅游者票价,所以传统的景区游览的比例低至0.35%,而娱乐项目占7.8%。

(三)旅游者对广西旅游的认知评价

1. 对广西旅游接待设施满意度评价

从旅游者对接待设施的评价来看,对景区及宾馆酒店本身的基础设施评价较好,评价好的占到80%以上。但购物、娱乐、交通、餐饮的评价并不乐观,特别是购物,好与差的评价比例基本持平,这说明在商店质量、服务态度、价格等方面需要极大的改进和提高。

2. 对广西旅游资源认知度评价

旅游者对广西旅游资源的认知主要集中在山水风光和北海沙滩,认知比例分别达91.3%和83.5%;其次是民俗风情和少数民族节庆活动,认知比例分别达53.7%和46.9%,这也充分体现了广西旅游"四大品牌"效应。广西丰富的饮食特色也是一个新的宣传和发展亮点,认知比例为41.7%。而文物古迹、文化艺术分别占到约14%和21%,对广西悠久历史文化的挖掘和宣传还有待加强。旅游购物方面,广西物产丰富,特产种类繁多,但旅游者对旅游商品的认知评价只占15.7%,说明在这一方面改进和发展的空间很大。

3. 对旅游服务质量满意度评价

综合来看,旅游者对广西旅游的服务质量评价较乐观,特别是导游服务、娱乐和宾馆酒店三个方面,评价好的占到80%以上。在餐饮及购物方面仍需进一步改进,相关政府部门应加强对餐饮卫生、环境、价格等方面的立法和执法力度。

六、广西旅游洞穴开发现状

(一)旅游经营不统一

洞穴开发经营管理不统一,有的是由经过国土资源厅、区旅游局及地方有关部门审批、手续齐全、设施比较完备的合法经营者开发经营,例如:桂林七星岩,永福县的永福岩、凤山的三门海、鸳鸯洞等;有的仅是由在当地备案的半合法经营者经营；个别是由村镇居民自发集资、因陋就简、没有经过申请和审批备案的经营，如原南宁市郊江西村附近的麒麟山洞以及马山县的神龙洞、宜州区的荔枝洞等。

（二）洞内灯光设计缺乏科学性

由村镇集资开发的洞穴，主要以日常生活用的灯泡、灯管或节能灯为照明光源，照明系统较为单一，没能从美学上进行设计。在广西大多数洞穴中均未使用国内外常用于洞穴照明的 LED（发光二极管）冷光源，它既节能、无辐射、无污染，是安全先进的第四代照明设备，因此，广西旅游洞穴在光源方面仍处于较落后的状况。

（三）洞穴管理上，开发与保护的矛盾难以协调

有不少有价值的岩溶洞穴本应该由政府牵头组织各部门在保护好地质遗迹的原则下合理开发，可是当地政府却将溶洞承包给个体老板，而承包者为了获取高额的利润，不失时机、不择手段地超负荷延长洞穴在开放前时间，无从考虑洞穴内的光源、温度、环境设备的改善，尤其在节假日及旅游旺季更是一天10多个小时超负荷运营。长期如此，地质遗产保护就无从谈起，洞穴中的钟乳石的保鲜、保养、保美方面更是难以保证。

（四）洞穴开发计划欠佳

广西有不少洞穴在开发前缺乏科学论证，没有很好地进行市场调研，急于求成，结果各方面效益都不理想。如平果县敢沫岩景区，尽管那里的山、水、洞、桥齐全，资源档次也不错，但由于研究程度以及促销手段、交通条件较差，且既无品牌又不与其他景区联网成片，离县城主干公路线80千米，游客一般都不愿前往，致使该景区经常处于门前冷落车马稀的状况。

（五）经营思路不开阔，创新意识差

在旅游产品多样化的今天，游人出行都要考虑综合成本，力求在有限的时间和金钱付出后有更大的回报。而广西有很多洞穴景点位置孤僻，与其他景点不连成线，游客"千里迢迢"去游览一个景点，成本太高，让人难以接受。此外，广西旅游纪念品皆大同小异，除绣球当家外，各景点的特色纪念品极

为少见，而且价格昂贵。

第三节 广西民族特色饮食与旅游的问题对策

一、饮食文化资源的开发原则——以壮族为例

（一）科学性原则

俗话说"病从口入"饮食与人体的健康紧密联系，这是不言而喻的。特别是人们在外出旅游时，把好"口"关尤为重要。"人的卫生习惯既然是约定俗成的，那么它就有一定的盲目性。"在旅游饮食卫生方面，从事旅游餐饮开发的经营者负有重要的责任。因此，旅游餐饮业经营者在开发壮族饮食的各种风味食品时，必须从科学的角度入手，在食品卫生方面要格外注意。

壮族饮食文化资源开发利用的科学性原则，还涉及文明饮食观的提倡问题。科学文明的饮食方式，不仅有利于人们生活质量的提高，而且也有利于饮食文化开发的持续发展。

壮族饮食文化的开发利用，不能像经营一般的餐馆那样，而要尽可能地做到"精雕细琢"，诸如暴饮暴食、铺张浪费、不讲卫生等落后的饮食观，是完全不符合饮食文化开发的科学性原则的，在饮食文化的开发中，应该予以摒弃。总之，壮族饮食文化资源的开发需要文明科学的饮食观，同时，这种开发也必须有利于整个民族科学饮食观的形成和推广。

（二）保护性原则

壮族饮食文化的保护开发，首先就是要确保它的真实性。因为只有真正弄清楚哪些饮食习俗是壮族的，哪些不是壮族的，这样才能做到被保护的民族饮食文化资源确实是其中的经典，并不是为了追求大而全的盲目开发。有些饮食文化资源不像民族文物等其他资源那样，可以直接感触得到，而是在某种程度上带有一定的"隐性"，需要人们把"开发"出来才能让人感受得到。在人类社会发展过程中，总会或多或少有一些传统文化及习俗慢慢失传。

而旅游开发却赋予他们重新复兴的可能性，倘若增添时代精神与新的内涵，便可使传统文化、习俗成为旅游吸引物。通过这种方式，使当地的传统文化能够很好地保存和流传下来。

（三）综合性原则

"旅游资源开发规划无论在发挥资源特色，还是满足游客的需求上都应综合考虑与安排"。作为一种旅游文化资源，民族饮食文化的开发必须具备一定的规模，形成合理的系统，否则将显得支离破碎。旅游文化资源的综合开发，"通常是指在突出作为自己形象的重点旅游资源的同时，对其他各类旅游资源也要根据情况逐步进行开发。这是充分挖掘该旅游目的地对外吸引力和努力克服来访旅游需求季节性的重要途径之一。通过综合开发，使吸引力各异的不同旅游资源结成一个吸引群体，使游客可从多个方面发现其价值。"也就是说，对壮族饮食文化进行综合性开发，既要开发壮族饮食文化本身所包括的各方面内容，又要开发与壮族饮食文化联系密切的相关资源，这样可以避免饮食文化的开发显得过于单调乏味和缺少生机。各种日常饮食习俗、节庆饮食活动、信仰饮食、饮食礼仪习俗等带有浓郁壮族特色和地方气息的活动，都应该在壮族饮食文化资源的开发过程中得到反映，否则将不能形成系统及规模，自然会降低开发项目的层次。但是，饮食文化资源的综合开发，并不是要一味地追求大而全，而是要在求"精"的前提下形成系统性。

二、饮食文化资源旅游开发对策——以桂北少数民族为例

（一）加大政府对民族饮食文化的开发、保护和扶持力度

桂北少数民族饮食文化现存的状态是单、散、小、弱，在具有多样性的同时，也要看到没有一种饮食文化占据主导地位。这种状况的改变，必须依靠政府强有力的政策去保护、扶持和开发，否则任由各民族饮食文化自由发展、自生自灭，只会导致民族饮食文化的不断消亡。因此，需要政府在开发中从资金投入、资源挖掘、人才培养、科学规划、保护开发等方面担当主导者、组织者、引导者的职责。对民族饮食文化资源的开发应给予政策上的优

惠、扶持和帮助，使市场渠道畅通。

（二）树立正确的民族饮食文化资源观

"民以食为天"，数千年来饮食从满足人类基本的生存需求逐渐升华为人类的一项文明享受，甚而散发着艺术的美感。民族饮食文化内涵博大精深，是民族文化遗产的一部分。对饮食文化资源进行调查、分类，建立资源信息系统，并给予准确的评价，分析其吸引力和开发潜力，这对桂北少数民族饮食文化资源的挖掘和整理是非常必要的，只有了解清楚本地民族的饮食文化资源类型，才可有目的地进行开发。包括明确饮食文化吸引物的知名度、历史价值、可接受性、开发的可行性、开发的环境和社会影响（如某些烹饪原料可能产生环境破坏）、与其他旅游文化资源的关系等。只有这样才能实现开发、效益与保护的共赢。

（三）做好桂北少数民族饮食文化资源旅游开发的宏观规划

做好桂北少数民族饮食文化资源旅游开发的宏观规划应由政府来完成，是对少数民族饮食文化资源的专项规划，是为桂北少数民族饮食文化资源旅游开发提供有力依据，是对民族饮食文化资源的有效开发，防止粗制滥造和破坏性、投机性开发，保护好民族饮食文化资源。

（四）正确定位、突出地方民族饮食文化特色

饮食文化旅游资源的开发，关键在于"文化"，于吃中讲求文化，于旅游中弘扬文化，令旅游消费者真正达到以吃为方式、以精神享受为目标的愿望。因此，在饮食文化资源开发中要全面详实地搜集关于饮食文化资源的文化背景、历史渊源、民间传说、神话故事、风土人情等资料。旅游部门应将这些加以开发利用，让游客边听（听故事）、边看（看原料、工序）、边尝（尝味道）、边思（思意蕴），使游客乐在其中。

（五）进行招商引资，提供优惠政策，创造宽松的投资环境

对桂北少数民族饮食文化资源的旅游开发，光靠政府开发是远远不够的，更多的是通过招商引资的方式进行开发。因此对投资者，政府应提供切实可行的优惠政策，创造良好的宽松投资环境。

三、广西旅游产业结构优化对策分析

（一）广西旅游产业结构优化的目标

1. 旅游产业结构的合理化

产业结构合理化是指各产业内部保持符合产业发展规律和内在联系的比率，保证各产业持续、协调发展，同时各产业之间协调发展。广西旅游产业结构的合理化主要是指要保持旅游产业结构的整体相对均衡，即：第一，部门结构合理化。产业结构中的各部门要协调发展，在继续保持旅游交通部门、住宿部门、餐饮部门、游览部门的地位的同时，要努力提高购物部门、娱乐部门的地位与收入，从而促进部门间的协同发展。第二，客源市场结构合理化。通过产品的改造与创新，改变客源市场的旅游消费结构，使购物、娱乐等具有高弹性且巨大发展空间的项目得到进一步的发展。第三，产品结构合理化。在保证旅游产业类型齐全的基础上，对产品进行深度开发，进一步提高产品的层次性及其高附加值，从而满足游客多样化与个性化的旅游需求。第四，地域结构合理化。要通过整合全区旅游资源，制定科学合理的区域旅游规划，加强区域旅游合作，缩小区域间的差距，使区域旅游协调发展，互利共生。

2. 旅游产业结构的高度化

旅游产业结构的高度化强调旅游产业的效益性，是指在结构合理化的基础上，充分利用现代的高科技使旅游产业结构不断向资源深度开发、产出高附加值的方向发展，不断提高旅游产业的经济效益。一是广西要努力通过技术创新和理念创新，深挖文化内涵，根据市场需求的变化，对广西各地的旅游资源进行深度开发，丰富产品的类型并提高产品的层次。二是在旅游业总产出中，购物、娱乐等高需求收入弹性、高附加值的行业要实现产出比重明显提高，发展速度明显加快，从而带动整个旅游产业的发展。

（二）广西旅游产业结构的优化对策

1. 优化产业要素结构，提高产业结构效益

旅游产业部门包括食、住、行、游、购、娱六大基础要素部门。要在稳

步发展餐饮、住宿、旅游交通、景区景点管理部门这些弹性较小的部门的基础上，要努力加快旅游娱乐产业、旅游购物产业这两大弹性较大的部门的发展速度。首先，旅游商品是一个地方的文化标志，要提高旅游商品开发水平，设计并开发具有地方特色的旅游纪念品和旅游商品，并拓宽销售渠道，以提高当地的旅游总收入水平。其次，旅游景区景点要根据市场需求适当开发一些娱乐项目、休闲娱乐区，以吸引游客的眼球，留住游客的脚步，引导游客在尽情体验中快乐的消费。

2. 优化旅游产品体系，提高旅游产品的层次性

广西要在发展较为成熟的观光游览产品的基础上，打破结构单一、层次不高的旅游产品体系，进一步完善休闲度假旅游产品、商务会展旅游产品、乡村旅游产品，大力开发科考探险旅游产品、康体保健旅游产品、宗教朝拜产品等专项旅游产品，形成特色鲜明、具有持久生命力的多元化的旅游产品体系，优化旅游产品结构，促进旅游产品的升级换代。此外，各旅游景区景点要加快旅游信息化平台的建设，进一步完善相关的配套设施，如游客咨询中心、交通路况指示牌、景区标志体系建设等，提高从业人员的素质，给旅游消费者提供便利、高效、满意的服务。

3. 加强区域旅游合作，实现互利共生

区域旅游合作是提高旅游产业竞争力、实现区域内互利共生的必由之路。广西北部湾经济区的建设如火如荼，西江经济带、桂西资源富集区的建设也在有序开展，各地市要充分利用这些利好的机遇与政策，结合区域优势，大力开展区域旅游合作，通过资源共享、客源共享、信息共享不断提高旅游产业的发展水平和整体竞争力，逐步缩小地区间的差距，实现互利共生的大好局面。

四、三江民族特色旅游产业发展的对策选择

（一）坚持可持续的科学发展观

由于旅游资源的开发无论怎样都会对所在地区的生态环境造成一定的影

响，所以在开发中，必须要坚持可持续发展的道路，坚持资源的合理开发与利用，坚持经济与环境两不误的原则，坚持人与自然和平相处，坚持眼前利益与长远利益的有机结合。同样道理，三江民族旅游资源的开发在保护自然生态环境和不损害长远利益的前提下，也应该要坚持走科学规划与合理开发的可持续发展的道路。

（二）积极推进硬件基础设施的建设

任何产业的发展都有赖于其相关基础设施的建设。三江民族旅游业的发展时基础设施依赖性最大的是道路交通设施的建设。道路交通设施的好坏直接决定了其旅游产业快速发展与否。完善的道路交通环境不但能给其旅游业一个良好的发展基础，且也还会在一定程度上带动一地区的经济增长和人民生活水平的提高；所以，三江的有关部门应积极推进道路交通设施的建设，力争在为人们提供便捷的交通条件的基础上，促进三江民族旅游业的快速发展。

（三）建立旅游联盟

三江的侗族文化旅游产业发展起点低、基础差、竞争力不强，而其邻近的城市桂林、龙胜等地的旅游产业发展相对早（特别桂林的旅游产业已经享誉全国和世界各地），所以，三江很有必要跟桂林等一些旅游产业发展得较快的地区建立旅游联盟，依托其他地区的旅游知名度来提高自己的知名度，加快自身产业的发展。以桂林为例，在路程上，桂林与三江相距200千米左右，路程时间是三个多小时，是很好的旅游结盟对象。在旅游资源上，桂林的旅游资源是山水风景，三江是侗族特色文化，两者不是竞争型的旅游产业而是互补的旅游产业。如果结盟，对桂林来说，三江侗族文化的加入会进一步丰富其旅游资源，达到山水风景与民族文化风情的完美结合；对三江来说，由于依托了桂林的旅游知名度，因而也会进一步提升文化旅游的知名度和促进旅游产业的发展。

（四）科学开发村寨，开发"农家乐"旅游

由于百姓的生活就是三江的旅游资源，所以，三江的侗族文化旅游应该让游客走进侗族人家的村寨里、侗族人家的家里以及侗族人家的生活里；而刚好"农家乐"就是这样的一种旅游形式。实践中要开发"农家乐"旅游，也就必须要先做好村寨的规划建设，因为三江的大部分村寨的结构是原始、破旧、杂乱的，这样不但存在安全问题，而且也不符合市场需求。所以要科学规划村寨，并对参加"农家乐"的农户进行素质培训，使其能与游客沟通交流。这样不但可以弥补旅游景点对侗族文化的割断，还可以将旅游景点扩大到村寨，让游客走进农家，给农户带来直接经济收益，促进社会主义新农村建设。

五、广西少数民族地区乡村旅游发展的对策

（一）更新旅游观念

要想解决当地旅游业存在的问题，首先要做的就是改变当地旅游管理者的旅游观念，加强对旅游事业的认识，从根本上解决当地旅游业存在的问题。在这一过程中，当地的旅游经营者要对当前的旅游市场进行全面缜密的分析，认识到农村旅游的功能，不断完成新项目的建设，使旅游资源得到更好的开发。将旅游业作为当地农民的第三产业，转移剩余劳动力，为广大农民提供就业机会，增加其经济上的收入。做好旅游产品的开发工作，不断优化旅游产业的结构，树立"大广西、大旅游"的观念，使广西少数民族文化得到更多游客认可。

（二）加强基础设施的建设

在提高思想认识的同时，还要不断加强基础设施上的建设，树立良好的旅游形象。首先，当地的旅游经营者要不断提高服务质量，为游客提供优质的服务。其次，旅游经营者要保护好当地的自然环境，使自然环境散发出更大的魅力，凭借天然的美景吸引更多的游客。另外，当地的旅游经营者要根据游客的需求，保证住宿条件和饮食条件能够满足游客的需要，不断提升当地的旅游形象。

（三）深入挖掘民族文化内涵

近年来，我国的乡村旅游业获得了良好的发展，但各个景区的旅游项目

存在着很大的相似性，使游客渐渐对乡村旅游失去了兴趣。少数民族地区的旅游经营者必须认识到这种现象带来的不良影响，不断挖掘民族文化，创建特色景区，为游客留下深刻的印象。广西少数民族地区的文化可分为物质文化和非物质文化两种，在物质文化的开发上，可以将富有历史意义的风景区向游客开放，使游客见景知史。在非物质文化的开发上，可以让游客感受当地的特色节日，邀请游客参与到节日庆祝活动中来，讲述游客的旅游感受。

六、广西发展民族传统体育旅游的对策

（一）整合民族传统体育旅游资源，加大开展力度

广西区内有得天独厚的自然旅游资源，也有内容丰富的人文旅游资源。应充分挖掘人文旅游资源，发现整合区内各民族的传统体育活动，将民族传统体育与文化节日庆典相结合，大力发展广西民族传统体育项目，充分发挥广西体育旅游自身的特色，建立相应的监管制度，进一步完善民族传统体育的开发与经营，以促进广西民族传统体育的多样化发展。

（二）加大民族传统体育旅游宣传力度

民族传统体育要充分利用现代网络、电视、手机等平台，积极利用大众传媒扩大宣传，提高认知度，加强影响力。并且要深入社区，加大在城市的推广宣传，通过比赛、组织趣味活动的形式，让更多的城里人了解民族传统体育，提高民族传统体育的普及程度。

（三）加强民族传统体育旅游人才培养

首先，通过加强学校教育，民族传统体育项目在区内各个学校内普及开展，让更多的学生接触到民族传统体育。其次，加强专门性教学，在各个高校开设民族传统体育旅游课程，通过正规的学习，培养一批专业化的人才。最后，加强对目前民族传统体育旅游从业人员的培训，开展交流，促进相关人员专业素质提升。

（四）大胆创新，传统与现代相结合

在开展民族传统体育旅游的同时，适时地与时代相结合。对一些民族传

统体育进行适当改进，在保留民族传统的同时，通过对场地、器材的适当改变，融入新的活动方式，让旅游项目更具有现代化的活力和吸引力，使民族传统体育更具有生命力。

第五章　广西民族特色饮食与旅游展望

第一节　广西民族特色饮食与旅游发展状况

一、饮食文化与旅游

饮食是人类赖以生存和发展的第一要素，从人类产生的那天起，饮食就是维持人类生存发展的最基本的物质基础。饮食真正形成文化应该从人类懂得用火以后算起，此时人类对饮食的追求已不单单是维持生命，而且开始追求好吃。随着物质文化与精神文化的发展，人类对饮食的追求也在不断变化，事实上，饮食影响了人类文化的发展。由于自然环境、宗教信仰等多方面的原因，各国、各地、各民族逐渐形成了不同的饮食文化，这其中不仅反映了人们的意识、思维和心理，而且融入了历史、地理、文学、艺术及教育、科学的精神因素。

饮食作为一种文化，在今天已是无可争辩的事实。近年来对饮食文化的研究受到了重视，研究成果越来越多。但从宏观上给饮食文化下定义的学者尚不多见，苏荣光先生在其《饮食文化概论》一书中认为，"饮食文化是指食物原料开发利用、食品制作和饮食消费过程中的技术、科学、艺术，以及以饮食为基础的习俗、传统、思想和哲学，即由人们食生产和食生活的方式、过程、功能等结构组合而成的全部食事的总和。"笔者以为这一定义还是比较全面的，基本可以概括饮食文化的内容。但需要指出的是，既然是饮食文化的定义，其中有些阐述就不能只谈食物，而应该改为饮食。即应改为"饮食文化是指饮食原料开发利用、饮食品制作和消费过程中的技术、科学、艺术，以及以饮食为基础的习俗、传统、思想和哲学，即由人们饮食生产和饮食生活的方式、过程、功能等结构组合而成的全部饮食事项的总和"，这样就可避免以偏概全之嫌。

饮食文化在人类生活中的重要性是不言而喻的，而旅游作为人类生活的一部分，饮食文化在其中自然也同样重要。据有关调查，饮食消费仅次于购物消费，居第二位，而在国内旅游消费中更居于首位，足见饮食在旅游中的重要性。众所周知，旅游者到异地他乡旅行和逗留，为的是满足精神、物质上的某种需求，而饮食在其中起着举足轻重的作用。在这里饮食早已超越了单纯生物学意义上的目的，而是体现人们热爱生活、彰显自我、追求高雅、注重体验、丰富情趣的文化载体和符号，是一项包含着丰富社会意义的重要文化活动。旅游者在观光、休闲、购物的同时，更多的要求即是体验文化。饮食无疑是体验旅游地文化的一个重要内容，来到异地他乡观赏、品味、享受未曾见过吃过的稀罕饮食，既饱口福又长见识，是一种生理和文化的双重享受，也是旅游者的一种需求和认识旅游地文化的重要方式，它能够一定程度上满足旅游者的好奇心理，增加旅游的乐趣和成功感。

饮食文化无疑是旅游业发展中的重要因素之一，是各地发展旅游业的宝贵资源。挖掘、开发、弘扬、发展各地、各民族的饮食文化，对提升各地、各民族文化的经济价值，促进旅游业和地方经济的发展必将起到重要的作用。

二、对广西民俗饮食文化发展的思考

广西不是没有好食品，而是一直未重视自身饮食文化品牌的建设。我区应重点打造壮乡饮食文化品牌，将广西的民族饮食文化与旅游发展更好地结合起来，树立独特的广西民族饮食文化品牌。

（一）加强对民族饮食文化的研究，重视民族饮食文化

民族饮食文化和民俗旅游是有机整体，相辅相成的。我们应当组织相关学者，例如，人类学家、民俗学家等，联合媒体及有关部门，有目的、有针对性地在全区范围内展开对民俗饮食文化方面的发掘、整理、归纳、研究及宣传工作，以促进广西民族饮食文化的发展。

（二）合理规划，突出民族饮食文化

南宁市现辖五个城区和邕宁、武鸣、上林等7县，民族饮食文化资源十

分丰富。可以延续南宁市江滨大道边上的一些饮食城的做法，在江面上，设疍民（水上人家）民俗船居，展演疍民的各种风俗活动。在一些旧的渔船上开设民族餐饮餐馆，让游客在游玩之中，享受民族饮食文化。

（三）增强民族饮食特色和创新——主打食疗菜系

广西出产许多名贵中药，厨师巧妙地将补药与菜结合，推出的壮乡食疗菜也很有特色，例如，柠檬叶猪肺汤，莲子鸭汤，"姜酒鸡"等都有不同的滋补功效。有特色才有需求，有需求才有市场，有市场才能发展，在保持民族饮食文化古风犹存、原汁原味的基础上，增强特色和创新。民族特色是发展民族饮食文化的基础，创新则是发展民族饮食文化的关键。

（四）注重本土文化品牌的建设

广西要打出自己的民族饮食文化品牌。人们提到北京就会想到北京烤鸭，提到天津就会想到"狗不理"包子，提到山东就会想到鲁菜，提到四川就会想到川菜，可提到广西会想到什么呢？应当选准一批民族餐饮名店、名品，给予它们扶持，提高民族文化娱乐设施和格调，强化民族特色，实施品牌战略，做强、做大我区民族特色餐饮业。

（五）重视培养民族饮食文化人才

当前广西饮食文化人才的培养主要是依托大中专院校的烹饪专业。民族饮食文化应成为该专业的一个教育与研究方向。饮食文化博大精深，推进民族饮食文化发展的使命，需要由专门人才来承担。民族饮食的现代化与可持续发展，更需要专业人才的支撑。

（六）推进民族饮食与旅游业的结合，突出地方民族文化特色

游客们对异地的饮食文化有着异乎寻常的兴趣，因此在民族饮食文化的开发中，要尽量全面详实地搜集关于民俗饮食的文化历史背景、民间传说等资料，并有意营造民族饮食文化的环境特征。例如，在侗族地区的旅游景点，不仅饭菜要体现侗族特色，且餐厅布置也要体现侗族文化，服务人员的衣着、礼仪等，都要体现出侗族文化的特色。人们在这样的环境中用餐，不仅能体验美味的民族菜肴，更能增长知识，满足好奇心理，达到身心享受的目的。

三、民族饮食文化旅游开发——以崇左市为例

（一）通过宣传以提高知名度

旅游宣传对人们旅游动机的激发起着关键性作用。奇特的自然风光、特色的民族文化，只有通过宣传，扩大影响，才能吸引国内外游客前来游览。旅游宣传的回报率相当惊人，据香港旅游协会的资料报道：每增加1美元的宣传投入，可以增加旅游收入123美元。崇左是成立不久的地级市，不说在全国，就是在广西，许多人都不知其名，更不用说"养在深闺人未识"的民族传统饮食文化了。旅游宣传的形式，可以通过大众传播媒介，如广播、电视、主题广告、报纸杂志等，这些形式信息容量大，涉及面广。另外，还可以有计划地组织些活动，如展览会、体育比赛、文艺活动等，这些形式都可以提高一个地区的知名度。在旅游宣传中要突出崇左民族传统饮食文化旅游的独特魅力，使之广而告之，激发消费者的旅游欲望。地方政府有较高的公信度、稳定的财政基础，在这方面应该发挥主导作用。

（二）开发农家乐旅游项目

在经济发展相对落后的许多民族地区，都试图通过发展旅游事业来壮大地方经济，增加群众收入，改善人民生活。而各民族、各地区所蕴含的旅游资源是各不相同的，有很大的差异。有的地区，自然旅游资源丰富，有的则以人文旅游资源见长，有的则两者兼具。这说明开展民族地区旅游事业没有一个固定和通用的发展模式。需要我们不断地探讨，摸索出一条适合当地旅游发展的路子。还可以利用这种旅游资源的差异性，立足本地区的特色旅游资源，大力发展旅游业。

随着生活水平的不断提高，人们越来越讲究健康饮食，消费观念也在发生变化。现在许多人开始远离大鱼大肉、精米细粮的饮食方式，向往天然野生的五谷杂粮。崇左市壮族传统饮食"天然食物，科学合理"的特色正符合这种时尚的饮食潮流。交通便利的壮族社区可以推出以"吃壮家饭菜"为主题的农家乐旅游项目，向久居城镇的市民推出原汁原味的壮族特色饭菜，吸

引南宁市及周边城镇居民前来旅游消费。同时注重天然食品这一卖点,通过宣传包装,把壮族常见的各种五谷杂粮推向市场,使游客还可以打包吃完之后,以提高农产品的附加值,增加农民的收入。

（三）开发饮食参与体验性旅游

当前许多地方饮食文化的开发只是为了满足游客对异域美食的需求,他们所获得的信息和体验极其有限。古人云:"饮食者,所以合欢也",这种身心方面的享受,不仅体现在进食中,而且表现在食物的制作过程中。品尝美食能令人身心舒服,这主要体现在生理上的享受;而参与食物的制作过程则更多地满足了人们的求知欲和好奇心,人们的满足感更多的是体现在心理上的愉悦。开发饮食文化参与性旅游,不仅能激发游客的乐趣,让游客感受壮族传统饮食文化特色,而且可以使他们在参与的过程中陶冶情趣。

第二节 广西民族特色饮食与旅游资源开发

一、广西米粉旅游资源开发对策

（一）定位——以满足当地社区的需求为主

以广西米粉来说,米粉的独特性和社区性,要求我们在开发旅游资源的时候,不能将米粉仅仅作为一种旅游产品开展运营,而要同时考虑它的社区性。一方面,保证米粉对当地居民需求的满足,作为米粉产业发展的坚强后盾,客观上促进经济的发展;另一方面,也可以营造米粉饮食的氛围,传承米粉文化。

（二）营销——饮食地域整合,开展多样化活动

1. 地域整合

旅游标准餐一般为八菜一汤,而且旅游用餐一般在酒店中进行。在旅游活动中仅将一碗米粉作为一餐,也不失为一种很好的旅游体验性活动。但是旅游活动的时间不仅局限于一天,旅游者在广西旅游停留时间一般为两天以

上，在其他用餐过程中，可以针对不同地区人们的饮食特点，在八菜一汤中加入不同口味米粉。这一方面既体现了地方饮食的特点，另一方面满足了个别旅游者意犹未尽的需求。

酒店及相关的饮食部门需加强米粉制作的工艺，将水准提高到专营米粉的高度，无论在口味上还是食品安全卫生上都需达到高标准。为更好地推动桂菜文化的系统挖掘与整理，促进桂菜研发，打造桂菜品牌，2014年12月举办的首次桂菜文化研讨会，主题就是：深入发掘桂菜文化内涵，实现对"广西非物质文化遗产——桂菜"的推广和传承，促进桂菜文化传承与健康永续发展。在客观上带动了作为广西特色饮食之一的"米粉"产业的发展。

2. 特色活动

现阶段，广西米粉旅游资源开发层次低，仅仅限于吃。这是目前绝大多数饮食旅游资源所存在的问题。重视米粉体验性活动的开发，挖掘内涵，体现特色，从而区别于其他地方米粉。地方管制就要在整个过程中起作用，通过地方政府、旅游部门和相关文化部门联合行动，开发米粉制作过程的参观、米粉历史文化的展览等活动内容。这些活动不宜多，每个地区有一两个，避免重复，最好与广西其他民俗活动展览相结合。如在广西民族博物馆中的有关民俗展示厅，增加米粉历史和制作过程，以此增加旅游者的体验，丰富旅游者整个旅游行程活动。目前，广西已经存在一些比较成功的有关饮食的旅游活动案例：桂林兴安举办千人米粉宴，东盟美食节上的特色米粉展示活动，扩大了米粉参与旅游的路径。

（三）推广——加快旅游业的全面发展

作为依附性的旅游资源，广西的米粉只能仅仅依靠自身的优势和影响力来促进旅游业的发展。而对于它的开发，还须借助旅游全方位的发展。饮食旅游资源与旅游业发展是相辅相成的，但是旅游业的主导性地位不容忽视。据调查，旅游者对广西旅游资源的认知主要集中在山水风光和北海沙滩，然后是民俗风情和少数民族节庆活动，广西丰富的饮食特色也是一个新的宣传和发展亮点，认知度居中。因此，只有在旅游业快速发展的基础上，米粉才能更加体现它的旅游资源功能，根据旅游者的多样化需求，进一步提升产品的质量。

二、毛南族饮食文化旅游资源开发

（一）加强毛南族饮食文化的研究与保护

在地方政府层面，应充分认识饮食文化在地方旅游经济中的重要价值。要开发毛南族饮食文化，要加强研究和调查，在理论上搞清楚毛南族有哪些有特色、有文化内涵和值得大力开发的饮食资源。在了解的基础上，有针对性地进行毛南族饮食文化资源开发的政策、市场和技术等专题研究。地方政府可以与高校、学术界合作研究，或采取政府招标课题、召开专题研讨会、资助出版等多种方式，出资支持相关研究。通过组织"毛南族十大名菜""环江十大绿色食品"冠名等活动方式，向社会公众发布研究成果。还要加强传统饮食文化的保护。邀请地道"五香""三酸"等菜品、小吃的技艺传承人，面向餐饮业主、社会群众开办公益培训；录制各种地方美食的制作视频资料；为地方饮食制作技艺、饮食习俗申请各级非物质文化遗产。通过以上方式固化、传承各种地方饮食制作技艺，避免技艺流失，为下一步开发利用打下基础。

（二）大力扶持毛南族饮食文化的旅游开发

企业是旅游市场的主体，但在饮食文化资源开发尚处初期阶段，地方政府必须要有放水养鱼的思想，通过用地、税费、融资、奖励、公共建设等方式引导、扶持毛南族饮食文化的开发，做强、做大环江的旅游饮食。比如，设立专项资金，用于奖励、补助旅游食品企业以提高生产工业化、现代化水平，提升产品包装、卫生、质量标准为目的的设备和工艺改造升级；出台优惠政策，为专门进行毛南特色饮食资源开发的企业提供优惠的税费和用地条件；大力进行招商引资，引入技术力量雄厚、经营管理现代旅游餐饮、食品的企业；在地方星级"农家乐"的评定上，将毛南特色饮食产品和服务等内容作为考查条件之一；在环江城区规划建设美食街区，以优惠的租金聚集各种餐饮企业、个体经营者，使旅游餐饮服务能够集中化、规模化；加强旅游餐饮服务的标准化、规范化管理，全面提升环江旅游餐饮服务卫生、环境、服务水平；组织、扶持地方旅游餐饮企业教育培训，大力培养餐饮人才。

（三）开发、升级毛南族特色饮食产品、旅游服务

从企业、经营者这一层面，如对地方饮食文化资源开发利用得当，毛南特色饮食将能有力提升自己的市场竞争力，或成为新的利润增长点。但前提必须是对单一的产品类型进行升级、创新。

首先，本地旅游餐饮经营者应推出"五香""三酸"、毛南饭等系列常销毛南特色菜品，旅行社将毛南特色饮食的介绍、品尝作为旅游内容的一部分来设计，使旅游者能够充分了解毛南族饮食文化，并带着认识的情况下去品尝这些食物。通过饮食了解当地特色和毛南族文化，使毛南族特色饮食真正成为环江旅游不可分割的重要组成部分。

其次，借助时下发达的食品保鲜包装、冷链配送技术和渠道，大力开发生鲜菜、成品菜、速冻食品等产品。比如，真空包装的白切香猪、扣肉，冷藏保鲜包装的鲜牛肉，各种菜品均附有调制好的特色配料、烹调说明，游客可携带回家，或通过生鲜快递服务邮送到游客家中。回家后，通过简单烹调或加热便可食用，能最大限度地接近当地菜式的风味。对肉干、粽子、放飞鸟、糯米饭等特色饮食产品进行升级，开发多口味、小包装、保鲜包装、礼品装、旅行装等产品类型，方便游客选购、携带、食用，给予游客更多的选择。

游客来到环江旅游时品尝到的特色饮食都是局限于成品，无从参与和体验食物的制作过程。因此，毛南族饮食文化的开发不仅要注重创新，还应提高游客在饮食文化中的参与性，让游客从被动品尝转为主动制作，了解制作过程，学习制作方法，通过亲手劳作体验民族特色饮食文化带来的身心愉悦感，满足游客的猎奇和休闲心理。如在销售"狗屁馍"时给游客看到罕见的"狗屁藤"，并动手自制"狗屁馍"，让游客尝试传统的劳作会别有一番情趣在其中。

三、利用忻城土司饮食文化促进旅游开发的设想

（一）加大特色饮食文化开发的力度

要加大特色饮食文化开发的力度，政府与酒店、酒店与酒店之间要经常注意沟通，相互协调，力戒行业不正当竞争。只有在这种指导思想的调控下，才能创办出同中有异、异中有同、各具特色的酒店来。在创研特色饮食文化已经有所论及，总的来说，应该在四个方面下功夫：一是把土司的"艾馍""糍粑""竹筒饭""镶瓜花""玉米糖团""烤红薯""烤玉米""豆腐肴""五色糯饭""南瓜扣""竹笋粉丝"等传统菜肴的制作做得更为细致，使之色味俱佳。二是科学地将壮族的一些滋补、清凉药物与一些食物一起烹饪，收到一石多鸟的饮食效果。三是尽量利用原汁原味的山野绿色食物进行研发创制。应该按季节的不同，到野外采摘笋子、蕨菜、鱼腥草等野菜，到田里捞取田螺、到江河里捞取贝壳等野生食物。这样再精心设计烹调程序，其特色菜肴才称得上货真价实，才能扬名四海。四是如前所述吸纳各个民族的特色饮食文化，进行合理研发。黄润柏曾说过："龙脊人还喜食腌菜和辣椒、青菜、肉食都可放入酸坛腌酸——酸肉可以放上数年不坏，平常做苦工或客人来时才拿出来吃，人们称之为'贵客菜'"。

（二）情景化动态化饮食文化的创设

"在旅游活动中，旅游者的知觉是影响旅游者行为的重要心理因素。旅游者的旅游决策、态度和行为及对旅游需要满足与否的评价等，都与旅游者的知觉密切相关。"可见，要满足旅游者的知觉需求，必须在旅游过程中设置情景化、动态化饮食文化。所谓情景化动态化、饮食文化就是指在旅游者整个旅游饮食活动中，导引者要把旅游者的饮食活动置于一定的环境，让旅游者在这个特设的愉悦环境里享受用餐的快乐。

（三）多种形象化传媒手段的综合利用

"知觉对象本身的刺激强度是影响知觉的首要因素，刺激强度越大，越容易被清晰深刻地感知"。可见，要使饮食文化在旅游者的头脑中留下深刻

的印象，就必须形象地包装我们的饮食产品，而且在静态产品与动态产品包装上下功夫。所谓静态产品包装就是指在菜谱的命名上，要力争用一些既能凸显忻城县风物人情的事物来给它定名，且排版设计要科学、亮丽。对一些主要特色菜谱，应该将其特色功能说明清楚，甚至可以将其故事编写于后，让游客在品赏菜肴时，同时受到民族文化的熏陶。所谓动态产品的包装就是指利用各种传媒手段，将饮食文化采用各种包装手段与技巧，通过音、形、意诸方面的精心设计，使之动态性地呈现于游客眼前。比如，对金银花的包装，可把金银花的栽培、养护、采摘、加工、包装、食用、健身等全过程的录像制成光碟。游客在这种动态的观赏中，就很容易激起品尝金银花茶的欲望。可见对菜谱进行适当科学的包装，在整个旅游饮食文化中是一个不可或缺的环节。

第三节 广西民族特色饮食与旅游有机结合

一、广西饮食文化与旅游相结合的发展优势

（一）广西饮食文化源远流长，内涵丰富

广西最早的居民是百越族系的西瓯和骆越人，他们是壮族的祖先。在旧石器时代晚期，当地人就普遍使用工具进行原始农业生产，栽培水稻等农作物，驯化和饲养猪、牛、羊等动物。饮食上虽然处于一种简单和原始状态，但民族饮食开始萌芽；历经春秋战国，广西民族饮食开始形成雏形。公元前214年，秦始皇平定岭南，派军进入广西，开凿灵渠运河，连接岭北的湘江和岭南的漓江，从而沟通了长江和珠江两大水系，对促进岭南与中原之间的经济文化交流起到了重要作用。从此，中原汉族人民也源源不断进入岭南，带来了先进的文化和技术（其中包括饮食），促进了广西经济文化的发展。

从秦汉到明清，是广西饮食文化发展期，一些古典文籍也有记载。西汉刘安《淮南子》一书中，就有"越人得蚺蛇以为上肴"的记载；唐刘恂撰《岭

南录异》中，记述了岭南各地的风俗、物产和虫鱼草木禽兽，其中涉及许多烹饪原料，并有不少饮馔食俗的内容；宋朝范成大《桂海虞衡志》中载："以射生食动为活，虫豸能动者皆取食"；明谢肇淛在《五杂俎》载："南人口食，可谓不择之甚，岭南蚁卵、蚺蛇，皆为珍膳。"从上述记载中，可以看到广西古代百越诸族的饮食之风，也证明广西民族饮食已经形成特色。北宋末年，宋皇南逃，带有大批御厨、家厨落脚岭南，不少饮食技艺传入广西；明、清两朝统治者常派文武百官驻守岭南，随之也带来不少各地名厨，于是广西饮食也就吸收融会了鲁、川、苏等地饮食的精华。此外，广东、湖南与广西相邻，加之物产、气候、生活习惯相似，所以不少粤、湘饮食方法传入广西，被当地人改良、吸收和创造，这样逐步形成岭南风味的广西饮食，广西饮食文化也得到确定。

（二）广西烹饪体系完整，为饮食与旅游有机结合提供了条件

广西名优菜点众多，有一大批精于烹饪的技术人才，从五届全国烹饪大赛以来，均有不少的菜肴、点心、食品雕刻荣获金、银、铜奖，一批名优菜点也获得全国、全区认证。广西菜（简称桂菜）也逐步成为我国颇具影响的地方风味之一。广西菜点选料广泛，多以本地盛产的山珍、水产和禽肉类为原料，还常以岭南佳果如荔枝、菠萝、香芒入馔，操作上刀工精巧、火候适时，擅长制作山珍野味菜，口味鲜嫩爽滑，讲究原汁原味。桂南地区口味偏甜，突出清淡；桂北地区口味偏辣，滋味浓郁。此外，广西风味小吃品种繁多，如桂林米粉、南宁肥肉粽、桂北油茶、大苗山地龙、梧州冰泉豆浆、昭平黄皮糖、柳州起酥、玉林白散、壮家鸭炸等。广西小吃风味独特，深受广大游客喜爱。

（三）广西物产丰富，为饮食与旅游的结合提供了丰富的物质基础

广西被誉为"土特产仓库"，优越的地理位置和优良的气候，使广西盛产品种多且质优的烹饪原料，如陆川猪、环江菜牛、巴马香猪、靖西麻鸭、岑溪三黄鸡、博白通心菜、桂林马蹄、荔浦香芋头、钦州青蟹等。把这些优良原料充分开发利用起来，创制新优菜点，突出地方"食"风味，无疑会提

升旅游竞争品牌。

（四）饮食文化底蕴深厚，利于广西饮食文化与旅游结合的后续发展

广西是一个多民族的省份，境内世居着壮、汉、瑶、苗、侗、仫佬、毛南、回、京、彝、水和仡佬等 12 个民族。"十里不同风，百里不同俗"，各民族在长期生活中形成了鲜明的饮食文化和特点，都具有不同的饮食特殊嗜好和禁忌，饮食礼节以及食风食趣都蕴含文化。例如，壮家三月三五彩糯米饭和农历新年的壮家豆腐园，不仅是壮族人民的传统食品，还均有美丽动人的传说故事；"侗不离酸"，概括了广西侗家饮食习惯特点；而广西苗家羊瘪汤，是苗族上乘佳肴之一，制法独特，常食之，还具有避寒消暑、润胃滋肝的食疗功效。鲜明的民族饮食文化和特点，是广西烹饪和旅游资源的一笔宝贵财产，也为广西饮食文化与旅游相结合提供了可持续发展之路。

二、促进广西饮食文化与旅游有机结合的几点建议

（一）统筹规划，提升饮食与旅游规划融合度

对广西旅游景点的饮食文化开发，首先要重视管理，把散乱的饮食资源统一规划集中整理，建立投诉制度，对旅客投诉的餐馆、小吃店规定其限期整改，屡犯不止的应坚决取缔。其次要开发与当地旅游结合紧密的饮食资源，靠山吃山，靠水吃水。阳朔啤酒鱼就是一个很好的例子：漓江水养育漓江鱼，漓江的水酿出丽江的啤，两者结合成就了阳朔啤酒鱼。游客来到阳朔肯定要吃啤酒鱼。再者，旅游景区的饮食开发要与当地历史文化结合起来，一道菜、一样点心的开发，总会有其背后的故事。把这些故事整理、加工、美化，让它成为传说，写在餐牌上和旅游宣传单上，这是对当地饮食文化最好的宣传方式。例如，云南过桥米线，这个小吃的故事就寄予名称中，引人遐想。

（二）加大对饮食文化的宣传力度

广西少数民族众多，饮食丰富多彩，不过对外的宣传力度不足，宣传方式单一，传播媒介不够多样化，宣传切入点不准确。广西的小吃极具特色，用料讲究，居住在山里的苗族、瑶族人吃山珍较多，京族靠海则吃海鲜较多。

广西也有出名的菜谱，比如，梧州的纸包鸡、柳州的螺蛳鸡都曾上过满汉全席的菜单。可是，由于缺乏宣传，外地人到广西之后，不知道能吃什么特色菜。要把广西的饮食文化推广出去，需要一个长远的规划，市场要分类明确，有针对性，而且应运用多种媒介渠道广泛宣传广西饮食文化。

（三）提高游客参与度，保持当地产品特色

现代都市中，脑力劳动和体力劳动分工越来越细，大多数白领上班时要长时间对着电脑工作，长期缺乏锻炼。同时，随着城市中生活节奏越来越快，越来越少的人选择自己制作食品。那么，这些旅游消费人群在旅游的时候，如果能让他们参与到食物的制作过程中来，相信会带给他们一种非常愉悦的体验。为了提高游客参与特色食品制作的积极性，可以从两个方向着手。

第一，在餐厅的环境布置中融入当地文化特色。把文化融入餐厅的装潢和布置中，让游客就餐时，能有一种特殊的体验。比如：麦当劳如此吸引小孩，就是为顾客提供了一种儿童式的欢乐体验。

第二，让游客直接参与到食品的制作过程中。广西少数民族的很多食物的制作都有自己独特的方法，可以让游客参与食物制作环节，由自己制作出来的食品，游客应该愿意多带一些回去给亲人品尝。例如，把制作过程中的打糯米环节就很受游客欢迎。但是，目前广西旅游景点类似的参与项目太少，应多开发一些参与型项目。

（四）建立美食地标

美食地标对一个地方的旅游业和饮食业有巨大的带动和推广作用。例如，大家一说到成都，都会不由自主想到锦里、宽窄巷子这两处标志性景点。广西的城市中，甚至桂林这座国际旅游城都没有符合自己地位的美食标杆。广西在建立美食地标的过程中应遵循以下原则。

第一，与旅游紧密结合。美食要与美景结合，形成一个统一的商圈，让游客玩得高兴，吃得开心。

第二，切忌盲目跟风。开发要有规划，应充分调研，不能盲目地复制其他地方的成功模式。

第三，保留当地特色。紧密结合当地民族饮食文化特色，推出特色产品和拳头产品。

第四，建立健全管理机制。培养管理人才，建立监督机制，以可持续型发展为长远目标。

广西民族饮食文化资源丰富，只要深入发掘、加大宣传、保留特色和完善管理，让游客充分体验广西的美景和美食，就一定能让广西旅游市场进一步做大、做强。

参考文献

[1] 费莉雅.广西旅游业竞争力现状分析与对策探讨[D].广西大学,2003.

[2] 管荟璇.广西民族文化资源与文化产业融合发展研究[D].广西大学,2017.

[3] 何钟伟.广西湿地生态文化资源调查研究[D].广西大学,2015.

[4] 黄安辉.壮族饮食文化研究[D].广西师范大学,2005.

[5] 黎佳明.广西特色文化资源产业化发展中的政府作用研究[D].广西大学,2015.

[6] 刘臣.广西旅游业的市场竞争力研究[D].广西民族大学,2016.

[7] 韦金茹.广西米粉文化传播探析[D].西南大学,2015.

[8] 郭艾青.广西壮族传统饮食文化外宣翻译现状及策略研究[J].教育观察(下半月),2017,6(3).

[9] 郭霄星.基于人本理念的广西民族旅游经济发展[J].广西民族师范学院学报,2012,29(6):94—97.

[10] 傅中平,黄巧,方海翔,等.广西旅游洞穴开发现状及科学发展建议[J].南方国土资源,2009(11):19—21.

[11] 卜奇文.展示多彩的民族文化——广西民族旅游资源开发系列研究·民族篇[J].广西民族大学学报(哲学社会科学版),1999(1):75—77.

[12] 陈建国,黄兰堞.东南亚民俗旅游对广西旅游发展的启示[J].商业文化(下半月),2011(12):356.

[13] 丁智才.民族文化产业:文化广西的必然选择[J].广西财经学院学报,2008,21(1):99—102.

[14] 黄金刚.广西崇左市壮族传统饮食文化与旅游开发[J].旅游研究,2006,17(2):48—52.

[15] 黄军."一带一路"战略下广西民族文化发展的研究[J].桂林航天工业学院学报,2016,21(3):454—457.

[16] 黄蕾,张显春.基于生态学视角的旅游业发展的时空演化模式研究——以广西

为例[J].旅游论坛,2012,05(3):87—89.

[17] 黄梅梅.广西发展乡村旅游现状分析及对策探讨[J].绿色科技,2012(2):205—207.

[18] 蒋满元,唐玉斌.民族特色旅游产业发展中存在的问题与对策分析——以广西三江侗族自治县为例[J].广西社会科学,2008(4):96—100.

[19] 蒋玉艳,唐振柱,陈玉柱,等.壮族和京族居民膳食结构及营养状况比较分析[J].实用预防医学,2013,20(8):910—912.

[20] 解晓帆.新媒介催化下广西少数民族特色旅游工艺品设计开发的创新理念初探[J].艺海,2018(1):108—110.

[21] 李海峰.广西民族文化建设面临的问题及思考[J].新西部月刊,2007(2):130—131.

[22] 林叶新,周旺.广西钦州地区饮食文化发展研究[J].南宁职业技术学院学报,2017,22(1):8—11.

[23] 刘丹丹,李雪莹,张沁等.广西民族旅游文化营销研究[J].传播与版权,2015(9):162—164.

[24] 刘显礼.广西民族县域旅游经济策略的冷思维研究[J].产业与科技论坛,2010,09(6):92—94.

[25] 陆文丽.广西民族文化产业的发展及对策研究[J].企业科技与发展,2011(16):127—130.

[26] 陆文丽.广西民族饮食文化资源旅游开发探析[J].企业科技与发展,2012(9):90—91.

[27] 吕曼秋,曾令锋,刘莉莉.广西旅游资源保护研究[J].广西师范学院学报:自然科学版,2008,25(1):62—67.

[28] 潘建民,杨昌雄.广西发展特色旅游业与区域经济的全方位思考[J].广西社会科学,2001(2):43—48.

[29] 裴杰.广西少数民族服饰的艺术价值研究[J].大众文艺,2016(17).

[30] 秦海燕.广西仫佬族饮食文化资源旅游开发探析[J].边疆经济与文化,2018(1).

[31] 王清荣，周明忠，吴学东等.建设广西民族文化强区的战略选择[J].社会科学家，2012（11）：158—161.

[32] 韦燕宁.广西民族民俗文化资源探论[J].经济研究导刊，2012（33）：265—268.

[33] 韦昱秀.融合创意产业的民族手工艺品发展策略研究[J].课程教育研究，2017(24).

[34] 吴红梅.广西民族传统图案与地方性旅游工艺品设计研究[J].广西社会科学，2015（6）：24—28.

[35] 谢家珍.分析广西本土旅游文化资源开发[J].商，2015（11）：259.

[36] 闫恣仟.区域产业化下民族旅游工艺品的设计研究——以广西壮族织锦为例[J].旅游纵览（下半月），2018（1）.

[37] 杨昌雄.关于建设广西民族文化强区的战略思考[J].学术论坛，2012，35（9）：164—167.

[38] 杨静.关于广西入境旅游发展的现状及对策分析[J].特区经济，2007（7）：162—164.

[39] 玉时阶.关于发展广西民族旅游业的思考[J].学术论坛，1996（6）：44—46.

[40] 玉时阶.试论广西民族旅游资源的开发与保护[J].广西社会主义学院学报，2005，16（1）：37—39.

[41] 甄玉.论广西文化艺术精品中文化意象的翻译策略[J].广西社会科学，2010(10)：136—139.

[42] 周旺.广西饮食文化遗产资源态貌与保护思考[J].南宁职业技术学院学报，2011（3）：1—5.

[43] 周旺.宋至清初广西饮食文化发展考析[J].南宁职业技术学院学报，2008，13(5)：1—5.

[44] 朱涛.广西民族建筑的表象探源[J].重庆建筑，2007（12）：50—52.